UN AMI DE NAPOLÉON III

LE COMTE ARESE

ET LA POLITIQUE ITALIENNE

SOUS LE SECOND EMPIRE

UN AMI DE NAPOLÉON III

LE COMTE ARESE

ET LA POLITIQUE ITALIENNE

SOUS LE SECOND EMPIRE

PAR

Le Comte Joseph GRABINSKI

PARIS

L. BAHL, LIBRAIRE-ÉDITEUR

14, RUE CHAUVEAU-LAGARDE, 14

1897

AVERTISSEMENT

Ces pages ont paru l'année dernière dans le
Correspondant[1] et m'ont valu des encouragements et des sympathies dont je dois remercier
ceux qui ont eu la bonté de me les accorder.

En même temps, on m'a vivement engagé à
publier une nouvelle édition de ce travail, afin
de le mettre à la portée de toutes les personnes
studieuses. Après de mûres réflexions, je me
suis décidé à suivre le conseil de ceux qui me
poussaient à réimpimer cette étude sur le
comte François Arese et parmi lesquels il y a
des hommes éminents et des historiens qui ont

[1] Livraisons du 10 et 25 août et du 10 septembre
1896.

fourni une belle carrière littéraire et dont la France a plus d'une fois admiré les ouvrages.

Je ne prétends certes pas me comparer à ces savants écrivains et je reconnais volontiers, sans cette fausse modestie qui ne cache que trop souvent l'orgueil et la suffisance, que le succès de mon étude, lorsqu'elle parut dans le *Correspondant*, était dû surtout aux documents très curieux et très importants qu'elle contenait. Ces pièces, publiées en 1894, en Italie, par M. le sénateur Romualdo Bonfadini, dans la *Vita di Francesco Arese*, n'étaient pas connues en France. Leur publication dans le *Correspondant* a produit une grande impression et on a reconnu sans peine qu'elles avaient une importance historique de premier ordre. De là les sympathies et les encouragements dont je parlais tout à l'heure et dont je n'ai pas le droit de m'enorgueillir, mais qui me démontrent l'utilité de rééditer mon travail.

Les nombreuses lettres de Napoléon III, du docteur Conneau et d'autres personnages que contiennent ces pages éclairent d'une vive lumière et la jeunesse du dernier empereur des Français et sa politique. On y voit le jeune prince exilé, ambitieux et confiant dans son étoile, malgré les mécomptes qui se multiplient après les insuccès de ses premières tentatives pour restaurer l'Empire. On le rencontre discutant avec son ami Arese, en Suisse et en Amérique, sur l'avenir de la France et de l'Italie, rêvant de bouleverser la carte de l'Europe, détestant franchement l'œuvre du traité de Vienne et l'Autriche qui en était la gardienne la plus fidèle, courant après la réalisation d'utopies qu'il prend pour des idées grandes et salutaires, assoiffé de popularité, se croyant destiné à asseoir le césarisme sur la démocratie et à réconcilier par là le pouvoir personnel avec les idées révolutionnaires.

Plus tard on retrouve Louis-Napoléon à l'Elysée. Il est l'élu de six millions de suffrages et, Président de la République, il prépare la restauration de l'Empire. Le prince n'a pas changé d'opinions, mais il subit les nécessités de sa nouvelle situation. Il garde ses rêves et ses projets touchant la politique internationale, mais il ne les manifeste pas, de peur d'alarmer l'opinion en France et de compromettre le succès du coup d'Etat qu'il médite. L'expédition

de Rome en 1849 semble même contredire les
promesses qu'il a maintes fois faites à Arese et
aux révolutionnaires italiens ; mais Arese con-
naît trop Louis-Napoléon pour se méprendre
sur la véritable portée de sa politique. Il croit
fermement que dès que le prince se sera affranchi du joug de la majorité conservatrice de
l'Assemblée législative, lorsqu'il sera le maître
de la France, il remplira ses engagements.

Après la proclamation de l'Empire, les rapports entre Arese et Napoléon III deviennent
de plus en plus intimes. Arese est l'agent actif
et habile de Cavour. Il arrache concessions sur
concessions à l'Empereur et, après la mort de
Cavour, il continue à rendre des services de
premier ordre à Victor-Emmanuel et à ses
ministres.

Les documents que je publie prouvent que
Napoléon III faisait de la politique étrangère
au jour le jour, sans un plan arrêté, sans une
claire vision des conséquences de ses actes souvent contradictoires, comme, par exemple,
lorsqu'il encourageait d'un côté les prétentions
de Victor-Emmanuel, tandis que de l'autre il
voulait sauvegarder plus ou moins la souverai-

neté pontificale. On constate une fois de plus que Napoléon III traitait les plus graves affaires politiques à l'insu de ses ministres et que, croyant diriger la diplomatie européenne, il ne s'apercevait pas qu'il se laissait aller à la remorque de souverains et d'hommes d'Etat plus habiles que lui, et qui surtout avaient sur l'Empereur cet avantage très considérable qu'ils savaient d'où ils partaient et où ils voulaient aller, tandis que Napoléon III l'ignorait ou l'oubliait en route.

A côté de Napoléon III, les pièces que je publie révèlent l'action très active d'un des familiers de l'Empereur les plus dévoués au souverain en faveur de la cause italienne. Le docteur Conneau a joué un rôle qu'on ne soupçonnait pas dans la politique italienne du second Empire. Ses lettres nous le prouvent. Elles nous montrent le docteur Conneau encourageant le coup d'Etat et calomniant la majorité conservatrice de l'Assemblée législative, blâmant en termes violents l'expédition de Rome, servant d'intermédiaire entre Cavour et Napoléon III pendant le Congrès de Paris, travaillant avec ardeur à l'unité de l'Italie, avouant à Arese la

discorde qui existe entre l'Empereur et l'Impératrice au sujet de la politique italienne, éclai-
rant le gouvernement de Victor Emmanuel sur
ce qu'il convient de faire pour avoir raison de
l'opposition du parti de l'Impératrice. Souvent
ces pensées ne sont exprimées par Conneau que
d'une manière sommaire. Mais, malgré leur
laconisme, les lettres du familier de Napoléon
III donnent un grand relief aux événements
qui se passent à la Cour des Tuileries, aux luttes qui s'y engagent entre les tendances conservatrices de l'Impératrice et de ses conseillers,
appuyées assez souvent par les ministres de
l'Empereur, et les rêves de Napoléon III, sa
politique secrète, ses concessions aux agents de
Victor-Emmanuel.

Je n'insiste pas sur ces choses. Le lecteur est
le meilleur juge des pièces que je publie et des
réflexions qu'elles m'inspirent. Dans ce volume
je ne me suis pas borné à reproduire les articles
que le *Correspondant* a publiés l'année dernière.
J'ai complété mon travail par de nouveaux détails sur la conspiration de Bellinzona en 1831,
la société milanaise avant 1848, les événements
de 1848 en Piémont et en Lombardie et quel-

qúes uns des principaux événéments de 1859 et
des années suivantes. De cette manière on se
rend bien mieux compte de l'influence qu'Arese
a eue en Italie et à la cour des Tuileries et des
services qu'il a rendus à Victor Emmanuel et à
la cause de l'unité italienne.

Bologne (Italie), le 22 mai 1897.

AVANT-PROPOS

Pour comprendre d'une manière exacte la vie
d'un homme, surtout s'il a joué un rôle important dans l'histoire de son pays, rien n'est plus
utile que de faire des recherches sur les années
de sa jeunesse et de voir comment il s'est
préparé à occuper la première place, les rapports intimes qu'il a eus avec ses amis, les idées
qu'il a manifestées dans sa correspondance et
dans ses entretiens avec les premiers confidents
de ses pensées.

On connaîtrait mal Napoléon III si on se
bornait à l'examen de ses actes comme Président de la République ou comme Empereur.
Ses contradictions elles-mêmes ne sauraient s'ex-

pliquer si, au lieu de considérer attentivement
ses tendances et ses idées avant et après son
avènement au pouvoir, on voulait simplement
étudier sa politique depuis le 10 décembre 1848
jusqu'au 4 septembre 1870. Ce qu'il y a de
confus dans le programme et dans la conduite
du dernier Empereur des Français s'éclaire, au
contraire, lorsqu'on se rend compte de la vie
aventureuse qu'il a menée en Italie, en Suisse,
en Angleterre et en Amérique et des hommes
qu'il a approchés. Ses compromissions révolutionnaires, ses rêves internationaux, son désir
de renouveler la face de l'Europe, ne sont que
la conséquence de sa jeunesse agitée et des
influences qui dominèrent son esprit pendant
son exil.

Parmi les étrangers dont l'amitié eut le plus
de poids sur les idées politiques de Napoléon
III, le comte François Arese, de Milan, se dis-
tingue par sa constante fidélité à la cause du
utur empereur. Il fut l'ami de jeunesse de
Louis-Napoléon; il devint plus tard, auprès de
lui, l'apôtre de la révolution italienne et l'ambassadeur secret de Victor-Emmanuel et de
Cavour; il le consola aux jours de la détresse et

lui rendit quelques services après sa lamentable
chute. Il est donc intéressant d'étudier la vie de
cet ami intime de l'Empereur et de voir le rôle
qu'il a joué auprès de lui avant, pendant et
après le second Empire.

CHAPITRE Ier

La famille Arese. — Le comte Marc Arese et la
domination française en Italie. — Naissance du
comte François Arese. — Chute de la domination
française à Milan. — Rapports de la famille Arese
avec les ennemis de l'Autriche. — La conspiration
de 1821 à Milan. — Arrestation et déportation au
Spielberg du colonel Arese, oncle de François
Arese. — Antipathie de François Arese contre
l'Autriche. — Elle se transforme en haine grâce
aux efforts de son précepteur, le colonel Zanoli. —
Le colonel Zanoli groupe autour d'Arese quelques
jeunes gens. — Ils forment une association politique. — Elle rencontre peu de sympathies à Milan.
— Idées républicaines de l'association. — Influence
des anciens officiers des armées de Napoléon en
Italie. — Ils organisent les premiers complots
révolutionnaires. — Arese entre dans l'association
des *carbonari*. — Arese demande à François Ier
la grâce de son oncle, le colonel Arese. — Il ne
l'obtient pas et devient l'ennemi irréconciliable de
l'Autriche. — Voyage de François Arese à Rome.
— Ses premiers rapports avec la reine Hortense
et Louis-Napoléon Bonaparte. — La révolution
de 1830 et son contrecoup en Italie. — Louis-
Napoléon prend une part active à la révolution
des Romagnes, en 1831. — Il marche sur
Rome avec les insurgés. — Mgr. Mastaï, le futur

Pie IX, lui donne l'argent nécessaire pour s'enfuir de Spolète et échapper aux poursuites des Autrichiens. — Le comte Arese et ses amis conspirent contre l'Autriche. — La police découvre leurs machinations. — Fuite d'Arese. — Réquisitoire du procureur impérial contre l'ami de Napoléon III.

Le comte François Arese était le fils unique du comte Marc Arese et de la marquise Antoinette Fagnani. Il appartenait à une des meilleures familles de l'aristocratie milanaise. Les Arese avaient pris une part active à la vie politique pendant les derniers siècles. On aime encore à citer, à Milan, la noble conduite de Barthélemy Arese, qui, au dix-septième siècle, étant Président du sénat, avait noblement défendu ses concitoyens contre les abus de pouvoir des gouverneurs espagnols. Il avait, pour ainsi dire, transformé le sénat de Milan en citadelle d'où partaient des coups redoutables frappant en pleine poitrine la tyrannie castillane.

Le comte Marc Arese, le père de François, s'était rallié aux Français lors de l'invasion de la Lombardie par les armées du Directoire. Il fit partie de ce groupe de notables cisalpins que Bonaparte, alors Premier Consul, appela en 1802, à Lyon, pour discuter avec eux l'organisation de la République au delà des Alpes. La mère du comte François Arese était une très riche héritière. Elle a brillé au premier rang à la petite cour vice-royale d'Eugène de Beauharnais, quand Milan fut la capitale du royaume d'Italie.

Ce fut à cette époque, en 1805, que François Arese naquit à Milan. Il avait à peine neuf ans lorsque le premier Empire s'écroula. Ce changement soudain dans la vie politique eut son contre-coup dans la vie domestique des grandes familles milanaises. Elles durent renoncer aux réceptions et aux fêtes de la cour. Milan se trouvait en quelque sorte découronnée. Elle demeurait bien le centre politique des possessions italiennes de l'Autriche, mais elle perdait sa prépondérance sur un tiers de l'Italie. Quoique une partie de l'aristocratie fut très favorable à l'Autriche et que la plupart des familles ralliées à Napoléon fussent résignées au nouvel ordre de choses, il est clair que les conséquences des événements de 1814 ne pouvaient pas ne pas troubler la haute société milanaise. Arese, encore enfant, n'était pas à même de se rendre compte de la portée de cette crise. Le désarroi qui se manifestait autour de lui eut cependant pour résultat de lui rendre peu sympathiques les nouveaux maîtres de la Lombardie.

On dit que les impressions de l'enfance sont durables ; il est douteux que celles d'Arese eussent résisté à l'action du temps et des circonstances si des malheurs de famille et le milieu dans lequel il grandit n'eussent fortifié son aversion contre la domination autrichienne.

Le comte et la comtesse Marc Arese, bien que résignés, sinon ralliés, au régime autrichien, ne pouvaient rompre pour cela tout rapport avec les rares partisans attardés de Napoléon et avec ceux qui, repoussant à la fois et la restauration bonapartiste et la domination de l'Autriche, rêvaient d'une Italie libre et indépendante, divisée en plusieurs Etats, mais affranchie de toute influence étrangère. Or, parmi les amis intimes de la maison il y avait le comte Frédéric Confalonieri, un des chefs du parti de l'indépendance, et le colonel Alexandre Zanoli [1], soldat des armées napoléoniennes, fort mécontent de voir sa carrière brisée, ses espérances de gloire déçues. Bien plus, un frère

---

1. Le colonel, baron Alexandre Zanoli, a écrit une remarquable *Histoire des milices cisalpines*. C'est un des chroniqueurs les plus distingués de cette période historique si riche en événements.

du comte Marc Arese était aussi colonel d'un
régiment italien au service de Napoléon et il
détestait profondément l'Autriche. Tous ces
personnages fréquentaient le salon de la comtesse Arese. François entendait leurs discours,
et il en résultait chez lui une antipathie toujours plus vive contre l'Autriche. Survinrent
les conjurations des *carbonari*, en 1821, et ces
sentiments devinrent plus profonds encore.
Pendant que la révolution éclatait à Turin, la
police autrichienne découvrait une grave conspiration à Milan. Le comte Confalonieri en était
le chef, et les *carbonari* lombards devaient agir
d'accord avec les révolutionnaires piémontais.
Sans perdre de temps, la police arrêta les chefs
du complot. Elle poussa même le zèle jusqu'à
emprisonner des hommes très honnêtes et fort
peu dangereux, comme Silvio Pellico, dont le
seul tort était d'être en rapports intimes avec
les conjurés. Un procès retentissant s'ensuivit.
Confalonieri et ses amis furent condamnés à la
déportation dans une forteresse et conduits,
chargés de chaînes, au Spielberg. Parmi les
personnages compromis dans la conspiration
de 1821, il y avait l'oncle de François Arese,
l'ancien colonel des armées napoléoniennes.
Arrêté et traduit devant la justice, il subit le

sort de Silvio Pellico, de Maroncelli et de Confalonieri. Cet événement jeta le trouble dans la famille Arese. François, qui était alors âgé de seize ans, fut témoin de la désolation de ses parents et des amis de sa maison. Il n'en devint que plus hostile à l'Autriche. Le colonel Zanoli se chargea d'entretenir chez lui cette haine. Le comte et la comtesse Arese lui avaient confié l'éducation de leur fils. Il lui inspira l'horreur de la domination étrangère, lui parlant souvent de l'épopée napoléonienne, des ressources dont l'Italie pouvait disposer et dont l'Autriche seule profitait, lui montrant combien il était injuste et regrettable que l'Italie fût contrainte à travailler pour la gloire et la prospérité de ses ennemis.

Le colonel Zanoli fit encore plus. Il organisa autour d'Arese une petite société de jeunes gens de son âge, destinée à former le noyau d'une association politique plus ou moins secrète, dont le programme devait être à la fois national et libéral. Parmi les jeunes patriciens et bourgeois que Zanoli groupa autour de François Arese, il y avait le marquis Gaspard Rosales, Charles Bellerio, Camille et François d'Adda, Louis Tinelli, Maximilien Maïnoni, Pierre De-Luigi, Charles Dembowski, Paul Parravicini, les frères Resta et le prince Emile Belgiojoso.

La tâche que le colonel Zanoli avait confiée à Arese et à ses compagnons de jeunesse n'était pas facile. La haute société de Milan était légère et fatiguée des émotions de la politique. Une grande partie de la bourgeoisie aisée et surtout de l'aristocratie se résignait de plus en plus à la domination autrichienne. Elles oubliaient de plus en plus les fêtes de la cour du prince Eugène, et cherchaient à se distraire en s'adonnant aux plaisirs. Le prince de Metternich encourageait, de tout son pouvoir, ces tendances, estimant que des gens qui ne s'occupaient que de modes, de chevaux, de toutes sortes de futilités, n'étaient pas dangereux. Il fallait donc une véritable énergie de caractère pour réagir contre une tendance de plus en plus générale parmi les nobles et les riches de Milan, et pour braver la colère, probablement même la persécution d'un pouvoir ombrageux. Ces considérations n'arrêtèrent pas François Arese qui devint bientôt l'âme de la société de jeunes gens qu'il fréquentait. Peu à peu, il disciplina ce petit groupe qui devait prendre une part si active aux événements de 1848 et de 1859. Les idées républicaines étaient en honneur dans ce milieu où on ne se rendait pas compte du véritable état d'esprit des Italiens. Mais, avant 1848, les révolutionnaires de la Péninsule n'étaient pas libres de leurspréférences, et ceux-là mêmes qui n'aimaient pas le jacobinisme prônaient une république qui, au fond, ne pouvait être que jacobine. La République romaine de 1848 l'a prouvé.

De même qu'en France, sous la Restauration, les officiers à la demi-solde ou en retraite s'agitaient continuellement et ne manquaient pas une occasion de conspirer contre les Bourbons, de même, en Italie, les anciens officiers des armées de Napoléon étaient les plus dangereux ennemis de l'Autriche et des trônes restaurés par le traité de Vienne. Ils menaient partout une propagande infatigable contre les gouvernements établis. Ils animaient la jeunesse à se préparer à lutter par tous les moyens contre l'Autriche, le Pape, les rois et princes italiens. Ne pouvant entraîner à leur suite le peuple, qui était réfractaire à toute idée nouvelle, ils groupaient autour d'eux la bourgeoisie et une partie de la noblesse. Le comte François Arese les aida de tout son pouvoir à faire des recrues dans les hautes classes de Milan. Mais l'insuccès des aventures révolutionnaires de 1821 n'était pas fait pour encourager un grand nom-

bre de gens riches à se laisser séduire. Néanmoins, rien ne rebuta le jeune Arese. Ni le
découragement des libéraux, ni la faiblesse de
son parti ne l'éloignèrent de la voie où il était
entré. Il ne se contenta pas de conspirer, il s'en-
régimenta dans les *carbonari*. La franc-maçonnerie avait alors pour adeptes fanatiques la
plupart des anciens officiers du premier Empire.
Ils formèrent les cadres des nombreuses et violentes sectes qui ont agité l'Italie depuis 1815
jusqu'à 1859, et parmi lesquelles le *carbonarisme* et *la Jeune Italie (la Giovane Italia)* sont
les plus célèbres. Il faut le dire cependant à
l'honneur d'Arese, il ne prit jamais aucune
part aux crimes que commirent les sectes italiennes. Nous verrons même qu'il eut le courage de s'en séparer le jour où il s'aperçut des
forfaits qui se préparaient dans l'ombre des
loges.

Cependant François 1er, empereur d'Autriche, étant venu en Italie en 1825, fit, au mois
d'avril, un voyage à Milan et en Lombardie, où
il reçut un excellent accueil de la part, non seulement du peuple, mais même des classes
dirigeantes. François Arese s'empressa de demander une audience au souverain et le supplia
d'accorder une réduction de peine à son oncle

le colonel Arese. L'empereur était débonnaire et enclin à la clémence ; mais son premier ministre voulait, au contraire, qu'on fît trembler les libéraux par des rigueurs exemplaires. Metternich, connaissant le caractère de son maître, et craignant que, pour suivre les penchants de son cœur, il ne se montrât indulgent vis-à-vis de certains condamnés, avait eu soin de l'accompagner à Milan. Sa présence détruisit tout espoir d'amnistie générale ou partielle. Il exerça, en effet, une telle pression sur l'esprit du souverain qu'aucune grâce ne fut accordée aux prisonniers d'Etat. Le jeune Arese fut reçu au palais de Milan avec courtoisie, mais il se heurta au refus formel de l'empereur.

Ce premier insuccès ne le découragea point. Il résolut de faire une nouvelle démarche en faveur de son oncle, un an à peine après l'échec de sa première tentative. En 1826, se trouvant à Vienne, au cours d'un voyage d'agrément, il demanda une nouvelle audience à l'empereur. Loin du pays qui avait été le théâtre de la conspiration, il espérait obtenir la grâce vainement sollicitée à Milan. Il se trompa. François 1er fut inexorable. La crainte de favoriser par un acte de faiblesse les entreprises révolutionnaires l'emporta dans l'esprit de l'empereur sur sa pente naturelle à se montrer bienveillant. Ce double refus irrita tellement Arese qu'il rentra à Milan avec la ferme résolution de travailler plus que jamais à organiser le parti hostile à l'Autriche. Son exaspération était si vive, qu'elle frappa ses parents, et surtout sa mère qui, redoutant quelque éclat de sa part, résolut de le conduire à Rome, sous prétexte de compléter son éducation par un voyage artistique dans le centre et le midi de l'Italie.

Ce fut à la fin de l'année 1826 que la comtesse Arese et son fils arrivèrent à Rome, où demeurait alors la reine Hortense. Mme Arese avait connu cette princesse à Milan, quand elle y allait, pendant le premier Empire, visiter son frère, le prince Eugène. Leurs rapports avaient été fréquents et affectueux. Peu de jours après s'être installée dans la Ville éternelle, la comtesse s'empressa de faire une visite à la reine déchue. Celle-ci en fut d'autant plus touchée que, depuis les malheurs de sa famille, elle avait vu s'éloigner beaucoup des personnes même qu'elle avait considérées comme des amis. L'ex-reine de Hollande avait auprès d'elle son second fils, le prince Louis-Napoléon. Elle fut heureuse de le mettre en rapports intimes avec le fils d'une dame si dis-

tinguée et si fidèle à ses souvenirs des temps
heureux. Ce fut pendant cet hiver de 1826-1827
que se forma entre Louis-Napoléon et François Arese l'amitié indissoluble qui a eu tant
d'influence sur les destinées de l'Europe. En
1827, rien ne présageait l'avenir brillant que
les révolutions de France devaient réserver au
neveu de l'empereur. La Restauration, malgré
ses fautes, s'était consolidée et la France s'y
rattachait de plus en plus. Louis-Napoléon ne
pouvait afficher des prétentions à la succession
de son oncle du vivant de Napoléon II, de
Joseph et de son propre père, l'ex-roi de Hollande. En outre, son frère aîné, le prince Charles, était encore vivant. Cependant le futur
empereur se montrait déjà plein de confiance
dans son étoile. Il avait embrassé les idées révolutionnaires avec ardeur et rêvait de renver-
ser en France, comme en Italie et même en
Allemagne, l'œuvre du Congrès de Vienne.
Arese abondait dans son sens. Les deux amis
faisaient de longues promenades dans Rome,
s'abandonnant aux entraînements de leurs fantaisies, défaisant et refaisant la carte de l'Europe,
mettant sens dessus dessous les frontières, les
gouvernements, les dynasties. Bref, lorsque la
comtesse Arese et son fils quittèrent Rome,

Louis-Napoléon en fut si désolé, qu'il lui sembla, en perdant la compagnie de François, perdre la moitié de lui-même.

La révolution de 1830 vint donner une nouvelle force aux espérances de Louis-Napoléon, et, en enthousiasmant son esprit plus porté que jamais aux idées révolutionnaires et même républicaines, lui fit désirer ardemment une visite du comte Arese, qu'il n'avait pas rencontré en Suisse lorsqu'il était allé visiter à Are-nenberg la reine Hortense.

« Mon cher comte Arese, lui écrit-il de Florence le 7 novembre 1830, je vous écris un mot pour vous dire combien j'ai été fâché de ne pas vous avoir vu cet été lorsque vous fîtes une visite à ma mère, et aussi combien j'ai regretté de ne pas être passé par Milan. Je voudrais bien que vous vinssiez cet hiver à Rome ; je vous louerais, si vous vouliez, un petit appartement près du Corso ; vous dîneriez tous les jours avec nous ; enfin je tâcherais de vous rendre votre séjour aussi agréable que possible. Si vous passiez par Florence, où nous sommes actuellement, je vous prierais d'aller voir mon frère, qui serait charmé de faire votre connaissance [1]. »

[1] Lettre inédite de Napoléon III, publiée par M. Bon-

Bien qu'elle soit dépourvue de tout intérêt
politique, cette lettre prouve clairement combien les rapports étaient intimes, dès 183o,
entre le futur empereur et le comte Arese. On
pourrait toutefois se demander si la cause de
cet empressement de Louis-Napoléon à donner
rendez-vous, à Rome, à François Arese ne
cachait pas quelque projet politique. Il est
difficile de se prononcer sur cette question. Les
documents nous manquent pour bien établir
la vérité. Cependant il n'est pas téméraire de
penser que le prince, en invitant avec tant de
courtoisie son ami à venir le rejoindre, pouvait
bien obéir à quelque arrière-pensée. Louis-
Napoléon était à cette époque un des plus fer-
vents *carbonari*. Il ne pouvait donc pas ignorer
ce que la secte préparait dans l'ombre, et peut-
être eût-il été heureux d'avoir à ses côtés un
ami aussi fidèle et aussi dévoué à la cause révolutionnaire.

Les journées de Juillet, la chute de Charles X,
le triomphe du peuple de Paris sur la vieille
monarchie française, avaient exalté au dernier
degré les *carbonari* italiens. Ils regardaient la

---

fadini, dans le volume intitulé : *Vita di Francesco
Arese*, Turin, librairie Roux.

Voy. au chap. 1er, p. 20-21, en note.

victoire de l'émeute parisienne, comme leur propre succès. Les *carbonari* n'avaient-ils pas des loges des deux côtés des Alpes ? La Fayette, le héros des trois journées, n'était-il pas un des chefs des *ventes carbonares* de Paris ? Tout cela animait les « frères » d'Italie et les poussait contre l'Autriche et le Pape.

Ils croyaient même pouvoir compter sur le duc de Modène, qui avait souvent encouragé les libéraux en secret, et sur Louis-Philippe ; mais, menacé par l'Autriche, François IV se ravisa. Il fit arrêter et pendre les confidents de ses rêves ambitieux [1]. Louis-Philippe, plus sage que La Fayette, désavoua les folles déclarations du parti avancé, et demeura fidèle à la politique traditionnelle de la France en Italie.

[1] François IV, duc de Modène (1814-1846), était un homme de beaucoup de talent. Il a très bien géré les affaires de son petit duché. Mais il était mécontent d'une situation très secondaire qu'il ne jugeait pas digne de ses mérites. Il rêva longtemps, après 1821, de succéder à son cousin Charles-Félix sur le trône de Sardaigne. L'Autriche fit même des efforts pour lui donner cette couronne et exclure de la succession de Sardaigne la maison de Savoie-Carignan, sous prétexte que son chef, Charles-Albert, s'était compromis dans la révolution de Turin, en 1821, et était l'allié des libéraux. En même temps, François IV entretenait secrètement des rapports avec les *carbonari*, leur pro-

Cependant la révolution, préparée depuis des mois, éclata dans les duchés de Parme et de Modène, d'où la duchesse Marie-Louise et François IV durent s'éloigner. Le 4 février 1831, Bologne proclamait la suppression du pouvoir temporel des Papes et un gouvernement provisoire s'installait à l'hôtel de ville. Louis-Napoléon courut à Bologne et se mit en rapports avec d'anciens officiers des armées de son oncle, les généraux Zucchi, Armandi et Sercognani, devenus les chefs des insurgés de la Romagne. Quelques jours après, le gouvernement provisoire de Bologne ordonna la marche sur Rome de l'armée de volontaires

mettant mille avantages s'ils l'aidaient à se tailler un royaume aux dépens du Pape, de la duchesse de Parme et de l'Autriche. Averti par ses émissaires, le cabinet de Vienne somma le duc de Modène de rompre tout rapport avec les révolutionnaires. François IV, craignant la colère de l'empereur et la perte de son duché, n'hésita pas à sacrifier ses complices. On affirme même, et certains documents semblent le prouver, que la cause du ressentiment du duc de Modène contre Louis-Philippe, que François IV, seul parmi les souverains de l'Europe, ne voulut jamais reconnaître, eut pour cause la déception qu'il ressentit en voyant le roi des Français proclamer la politique de non-intervention dans les affaires d'Italie. Le duc aurait compté sur Louis-Philippe pour arriver à ses fins.

qu'il avait improvisée. Louis-Napoléon se mit
à la suite du général Sercognani. Il était accompagné de son frère aîné, le prince Charles-
Napoléon, qui, arrivé à Forli, à 60 kilomètres
au sud de Bologne, mourut a près une courte
et violente maladie [1]. Louis-Napoléon suivit
Sercognani dans les Marches et pénétra dans
l'Ombrie. Il traversa Foligno et Trevi pour
arriver à Spolète, où Mgr Mastaï-Ferretti, le
futur Pie IX, était archevêque. Mgr Mastaï se
mit en rapport avec les insurgés pour prévenir
les excès auxquels ils aimaient à se livrer. Car,
il faut bien le dire, les gens qui suivaient Sercognani, à de rares exceptions près, étaient des
bandits, ou tout au moins des aventuriers dont
la présence n'avait rien de rassurant pour les
paisibles habitants des villes ombriennes. La
prudence de Mgr Mastaï évita bien des malheurs, mais elle lui attira des reproches de la
cour de Rome. L'archevêque fut accusé de
libéralisme et presque de complicité avec les
rebelles. Une circonstance contribua à donner
quelque apparence de vérité à ce reproche. Les
Autrichiens ne tardèrent pas à intervenir,

[1] Certains auteurs prétendent qu'il fut assassiné, mais
des documents que nous avons eu en mains, per-
mettent d'affirmer le contraire. (Note de l'Editeur).

chassant devant leur armée les volontaires et
les gouvernements provisoires de Parme, Modène et Bologne. Après avoir occupé les Romagnes et les Marches, ils envahirent l'Ombrie.
Leur arrivée devant Spolète était imminente et
ne rendait que trop critiqne la situation de
Louis-Napoléon et des autres chefs du mouvement. Ils s'adressèrent alors à Mgr Mastaï,
qui leur donna de l'argent et des guides pour
faciliter leur fuite. L'archevêque déboursa en-
viron 3o.ooo francs. Ce fut ainsi, avec l'argent
du futur Pape, que Louis-Napoléon échappa
aux Autrichiens [1].

Dès qu'il eût mis en sûreté le prince et ses
amis compromis dans le mouvement révolutionnaire, Mgr Mastaï n'attendit pas l'arrivée
de l'armée autrichienne. Il quitta sa ville archi-
épiscopale et se retira dans une paroisse éloignée, au fond des Apennins. Ce départ soudain,
précédé des secours si largement accordés à

[1] Que serait-il arrivé si l'archevêque de Spolète, au
lieu de porter secours à Louis-Napoléon, l'eût laissé
tomber entre les mains de l'Autriche. Un tel fait pouvait bien changer le cours des évènements ultérieurs.
Le prince serait resté longtemps le prisonnier de la
cour de Vienne et il n'aurait pas pu vraisemblablement,
par les attentats de Strasbourg et de Boulogne, se
faire connaître en France.

Louis-Napoléon et aux chefs des libéraux, fut mal interprété à Rome [1]. Mais, au fond, la conduite de l'archevêque de Spolète avait été extrêmement sage. Elle épargnait, en effet, au gouvernement du Saint-Père de grosses difficultés et empêchait les Autrichiens de se livrer

[1] Mgr Mastaï estimait qu'il valait mieux pardonner que punir, vu que le Pape était avant tout le pasteur des âmes et que, d'ailleurs, il était obligé de recourir à des étrangers pour rétablir l'ordre dans ses Etats. Grégoire XVI interpréta d'une manière peu avantageuse la conduite du prélat dont il entendait dire du mal par les réactionnaires de Rome, les partisans et les diplomates de l'Autriche. Il manda à Rome Mgr Mastaï *ad audiendum verbum* quelques mois plus tard, lorsque la révolution fut terminée. Pie IX a raconté souvent les détails de cette audience mémorable, où Grégoire XVI, le voyant entrer dans son cabinet, lui lança cette apostrophe : « Voilà le premier révolutionnaire de l'Ombrie ! » et lui fit mille reproches. Je tiens ces détails de personnes qui les ont entendus de la bouche même de Pie IX, qui a avoué que son predécesseur ne l'avait guère ménagé. L'archevêque de Spolète tomba alors en pleine disgrâce. Ce n'est qu'en 1840 que Grégoire XVI lui pardonna. Il le nomma d'abord à l'évêché d'Imola et peu après lui accorda le chapeau. Le gouvernement pontifical lui rendit les 30.000 francs qu'il avait donnés à Louis-Napoléon et à ses amis, et Pie IX aimait à dire, pendant le règne de Napoléon III, qu'il avait rendu un gros service à l'empereur, lorsque, en 1831, il avait été sur le point de devenir le prisonnier des Autrichiens.

à de violentes répressions qui eussent aggravé la situation politique des Etats de l'Eglise.

Tandis que Louis-Napoléon, fuyant les soldats de l'Autriche, se retirait en Suisse, Metternich dénonçait à Louis-Philippe la révolution de Bologne et des États de l'Eglise comme un mouvement et une conjuration bonapartistes. Mais les manœuvres du cabinet de Vienne n'empêchèrent pas le gouvernement de Juillet de voir clair dans le jeu de l'Autriche et d'occuper Ancône pour mettre un frein à ses envahissements en Italie.

Au moment où Louis-Napoléon courait à travers les Romagnes, les Marches et l'Ombrie, son ami, François Arese, ne parvenait pas à provoquer une agitation sérieuse à Milan. Néanmoins il conspirait avec persévérance. Ses amis et lui se réunissaient d'abord le plus souvent dans une boutique en face du théâtre de la Scala. Il y avait, derrière le magasin, une chambre qui leur était réservée et où on ne laissait entrer aucune personne étrangère à leur association [1].

A la mort de la propriétaire de cet immeuble,

[1] Protocoles du Conseil, aux archives de l'Etat à Milan.

les jeunes conspirateurs prirent l'habitude de
se réunir tour à tour chez des dames de leur
connaissance, Mme Kramer, la comtesse Ciga-
lini Dal Verme, MM^mes Carozzi et Tinelli. Il
paraît, d'après les rapports de la police autrichienne, que ces dames étaient toutes affiliées
à une secte maçonnique exclusivement com-
posée de femmes : l'association des *Carbonares
Jardinières*. La police estimait que cette secte
avait une Grande Maîtresse résidant à Paris et
attribuait ce rôle à la princesse Christine Tri-
vulzio di Belgiojoso, grande dame fourvoyée
dans le carbonarisme et émigrée en France pour
échapper à un procès politique, motivé par ses
agissements en Lombardie [1].

[1]. La princesse de Belgiojoso était une étrange figure
de grande dame révolutionnaire. Très cultivée, mais
aussi très exaltée, elle a longtemps erré à travers l'Europe et l'Orient. Elle a vécu plus de dix ans en Turquie. Elle acheta même de grandes propriétés en Asie
Mineure. Elle a écrit des romans et des articles sur
l'Orient dans les revues françaises. Elle avait un beau
talent littéraire. Ses aventures sont innombrables.
Après une vie nomade et agitée, elle revint en Italie
en 1848. Admiratrice de Garibaldi, elle se trouvait à
Rome pendant que la république romaine luttait contre
l'armée française. Elle encourageait les garibaldiens à
résister, prêchait la guerre à outrance et, entre un discours et l'autre, elle entrait dans les couvents pour
avertir les religieuses qu'en république on n'admettait

Pendant que François Arese et ses amis se livraient à ces machinations, un homme destiné à devenir tristement célèbre travaillait de de son côté, loin des frontières autrichiennes, à réorganiser la *charbonnerie*. Mazzini fondait vers cette époque la secte de la *Giovane Italia* qui était appelée à avoir une si considérable influence sur les destinées de la Péninsule. Le petit groupe de libéraux milanais présidé par le comte Arese était affilié à la secte mazzinienne, et entretenait une correspondance épistolaire, aussi fréquente que le permettait la surveillance très étroite de la police, avec Mazzini et d'autres sectaires. Un événement soudain vint compromettre sérieusement Arese et ses collègues. Au mois de mai 1831, le marquis Camille d'Adda, un des membres du groupe Arese, est arrêté à Naples et livré à la gendarmerie autrichienne. Interrogé par le parquet de Milan, il nie résolument avoir pris part à toute conjuration contre l'Autriche ou

pas de clôture perpétuelle et que, désormais, elles avaient non seulement le droit de sortir de leur couvent, mais même de se marier! La princesse de Belgiojoso était très connue à Paris, où elle demeura plusieurs années avant sa rentrée définitive en Italie, en 1859.

le gouvernement de Naples. Faute de preuves, le procureur impérial ne peut pas demander la déportation dans une forteresse, et le marquis se tire d'affaire avec quelques années de prison.

Mais on trouva chez lui des lettres de MM. De-Luigi et Dembowski, des lettres de présentation du comte Arese pour des officiers d'artillerie en garnison à Gênes et pour le prince Louis-Napoléon Bonaparte.

La police regardait comme peu rassurants pour les gouvernements d'Italie les voyages que le marquis d'Adda avait faits à Gênes, à Livourne et à Naples. Elle savait, entre autres choses, que le jeune patricien milanais avait eu plusieurs entrevues à Gênes avec Mazzini. Elle comprit que l'on préparait quelque entreprise révolutionnaire et, d'après ses rapports, le gouvernement autrichien ouvrit un procès contre les personnes compromises dans ces machinations. Les dépositions du marquis Raymond Doria aidèrent beaucoup la police dans ses recherches. Doria, malgré son origine aristocratique, n'était qu'un aventurier, moitié gênois et moitié espagnol, prêt à servir quiconque le payait, à embrasser tour à tour toutes les opinions, sauf à trahir ses amis de la veille, si ses intérêts y trouvaient leur compte. Doria avait su gagner la confiance de Mazzini et des carbonari. Il connaissait leurs secrets et les révélait aux gouvernements de Vienne et de Turin qui le récompensaient largement.

Pendant qu'on conspirait à Gênes, Arese et ses amis avaient installé un comité révolutionnaire au delà de la frontière suisse qui est très rapprochée de Milan. Charles Bellerio et le marquis Rosales y tenaient de fréquents conciliabules avec des membres du gouvernement du canton du Tessin, bien connus pour leur dévouement à la cause des révolutionnaires italiens. Mais, en Suisse comme à Gênes, l'Autriche veillait et avait des espions habiles et audacieux, simulant le plus ardent libéralisme et gagnant par là la confiance des carbonari.

Un émissaire des comités insurrectionnels européens étant venu à Chiasso, dernière ville suisse très peu éloignée de Côme, Arese et son ami De-Luigi s'empressèrent de traverser la frontière pour s'entendre avec lui. Après une première entrevue, il y en eut d'autres qui attirèrent l'attention de la police autrichienne. La réunion des conjurés à Bellinzona alarma surtout les représentants du gouvernement impérial, à Milan. Ils ne tardèrent pas à apprendre que De-Luigi, Bellerio et le prince de Belgiojoso

y avaient assisté. La police avait des agents
fidèles parmi les conspirateurs de Bellinzona.
Ils lui firent un rapport très détaillé sur ce qui
s'était passé dans ce conciliabule de carbonari,
lui révélant et les projets des conjurés et les
noms de la plupart de ceux qui avaient pris une
part quelconque au complot.

Informé à temps des découvertes de la police,
Arese quitta immédiatement Milan, avec son
ami De-Luigi, et parvint, par des chemins dé-
tournés, à atteindre la frontière suisse. Le cer-
cle des conspirateurs, dont ils étaient les membres les plus actifs, se dispersa immédiatement.
D'ailleurs, ils ne furent pas les seuls à se mettre
à l'abri d'un procès. D'autres imitèrent leur
exemple, tandis que le marquis Rosales était
arrêté à Milan. Bientôt on ouvrit un procès
politique, non seulement contre Rosales, mais
aussi contre les autres amis d'Arese qui étaient
restés chez eux ; mais, malgré la bonne volonté
du juge d'instruction, on ne parvint pas à les
convaincre de haute trahison.

Il en fut autrement de François Arese. Ses entrevues avec Pizzi, à Chiasso, sa fuite avec De-
Luigi, semblèrent des preuves irréfutables de sa
culpabilité. Dans son réquisitoire contre Arese,
le procureur impérial, après avoir constaté que,

par sa fuite, l'accusé s'était avoué coupable de haute trahison, affirmait que Arese vivait « dans un état continuel de conspiration flagrante » et qu'il pouvait « d'un moment à l'autre, *et en particulier par son association avec Louis-Napoléon Bonaparte*, être reconnu comme appartenant à la catégorie des chefs de complot[1] ».

Ce document prouve deux choses : les rapports intimes et politiques qui existaient, dès 1831, entre le comte Arese et le futur Napoléon III ; le rang très élevé que le fils de la reine Hortense occupait parmi les conspirateurs et les *carbonari* italiens.

[1] Archives de Milan : *Protocoles judiciaires*. Cf. Bonfadini, *op. cit.*, ch. 1er, p. 31.

CHAPITRE II

Obligé de fuir au delà des frontières pour échapper au sort de Confalonieri et de Silvio Pellico, Arese traversa les Alpes et chercha un asile auprès de la reine Hortense et de Louis-Napoléon. L'ex-reine de Hollande et son fils vivaient alors au château d'Arenenberg, sur le lac de Constance, dans le canton de Thurgovie. Arese était sûr d'y trouver une hospitalité capable de le dédommager en partie des douleurs de l'exil et de la séparation de sa famille et de ses amis de Milan.

La comtesse Arese avait écrit à la reine Hortense pour l'informer de la fuite de son fils et la prier de le recevoir pendant quelque temps. L'ex-reine de Hollande se trouvait alors à Mannheim, sur les bords du Rhin. Elle repondit immédiatement à Mme Arese :

« Je viens de recevoir votre lettre, madame la comtesse ; j'apprends avec peine que votre fils s'est séparé de vous. Je comprends mieux que personne toutes les angoisses d'une mère et je serai trop heureuse de vous éviter des tourments et de soigner votre fils de toutes les façons. A son âge, la tête est vive, je ferai de mon mieux pour la lui calmer. Je suis habituée à sermonner la jeunesse et je réussis quelquefois à lui persuader qu'il faut se résigner dans la vie, que la perfection n'existe pas et qu'il ne faut donc pas jouer la tranquillité pour des chimères. Je suis, depuis bientôt un mois, à

Mannheim, chez la grande-duchesse de Bade.
Je compte retourner bientôt chez moi ; je viens
d'écrire à Arenenberg qu'on reçoive votre fils,
s'il s'y présente, et qu'il attende mon retour.
Mon fils sera bien aise de trouver en lui un bon
compagnon de chasse, et j'espère que notre
tranquille solitude lui fera oublier un peu les
choses de ce monde [1].

Arese passa une année à Arenenberg. Son
séjour au château de la reine Hortense ne fut
interrompu que par un voyage qu'il fit au mois
de novembre 1832 en compagnie de Louis-
Napoléon. En faisant part de ce voyage à la
comtesse Arese, l'ex-reine de Hollande lui
écrivait :

« Le comte vous aura écrit qu'il ferait le voyage
de Londres avec mon fils. J'espère que vous
l'aurez approuvé, quoiqu'il s'éloigne de vous
davantage. Vous serez sûre au moins qu'il ne
sera pas seul, isolé et ennuyé, ce qui est toujours fâcheux dans notre temps pour la jeunesse.

« La triste politique remplace alors les occupations de leur âge, et il vaut beaucoup mieux,
sous tous les rapports, qu'ils ne s'en occupent

[1] La reine Hortense à la comtesse Arese (sans date).
Voy. BONFADINI, *op. cit.*, ch. II, p. 34.

pas ; c'est ce qui m'a fait consentir à me séparer de mon fils que son oncle désirait voir à Londres. Les distractions d'un voyage dans un pays si rempli d'industries et si curieux à voir que l'Angleterre, est toujours un objet d'instruction et qui profite beaucoup plus qu'une vie de campagne ou de petite ville de province. D'ailleurs ils seront tous deux logés chez mon beau-frère [1], qui en aura le plus grand soin. J'ai voulu vous écrire pour vous expliquer le but de ce petit voyage d'agrément, car je sais par moi-même combien une mère s'afflige et s'inquiète pour la plus petite chose et je vous avoue que moi-même, qui ne possède plus qu'un seul bien dans le monde, mon fils, je n'ai de désir et d'ambition que de le conserver bien portant, de le marier le plus tôt possible et de continuer à vivre tranquille dans notre solitude. Vos vœux sont les mêmes. Espérons donc que votre fils pourra bientôt retourner près de vous ; mais, en attendant, ne soyez nullement inquiète de le voir s'éloigner de vous. Les plaisirs de Londres sont beaucoup moins à redouter que les ennuis de la Suisse, où, sans rien faire,

[1] Le prince Joseph Bonaparte, ex-roi de Naples et d'Espagne, frère aîné de Napoléon [er].

on se compromet en se lamentant avec ses compatriotes. [1] »

Ces deux lettres de la mère de Napoléon III indiquent clairement les craintes qu'elle éprouvait au sujet de son fils. La part que le prince avait prise à l'insurrection des Romagnes, les rapports qu'il entretenait avec les *carbonari* et les républicains français ne justifiaient que trop les préoccupations de la reine Hortense. Il faut cependant le dire, Arese n'encourageait guère les visées ambitieuses de son ami, ni ses penchants pour la franc-maçonnerie. Dans les longues promenades qu'ils faisaient ensemble, ils parlaient plus souvent de l'Italie que de la France. Les conspirations *carbonare* de Mazzini [2] et l'invasion de la Savoie par les bandes mazziniennes, dirigées par le général Ramo-

[1] La reine Hortense à la comtesse Arese, Mannheim, 18 mars 1832. Voy. BONFADINI, *op. cit.*, ch. II, p. 35-36.

[2] Mazzini s'était refugié en Suisse et de là il avait organisé une levée de boucliers de républicains et d'anciens bonapartistes, à Turin, contre la monarchie de Savoie. En même temps il envoyait Gallenga, le futur correspondant du *Times* à Constantinople et en Italie, pour assassiner Charles-Albert. Gallenga pénétra dans le palais royal de Turin ; mais le courage lui manqua pour accomplir sa criminelle mission. Pour les détails de ces attentats mazziniens, voy. la *Correspondance de Mazzini*, année 1833.

rino[1], avaient tellement dégoûté Arese des entreprises sectaires, qu'il n'avait pas hésité à se séparer,dès 1833, des *carbonari* et de leurs loges.
Il avait ouvert les yeux sur le but que poursuivaient les sectes. Son honnêteté était révoltée
par l'attentat que Mazzini avait préparé contre
la vie de Charles-Albert. Il attribuait à ce for-
fait le redoublement de mesures réactionnaires
du gouvernement piémontais.

Cependant Arese ne parvint jamais à inspirer
des sentiments analogues à Louis-Napoléon.
Sans doute le prince condamnait l'attentat de
Mazzini contre la vie du roi de Sardaigne,
mais il comptait trop sur les *carbonari* pour
arriver à ses fins en France, pour être aussi
libre que son ami de se séparer d'eux. Tandis
qu'Arese repoussait toute solidarité avec les
sectes, Louis-Napoléon restait ce qu'il avait été

[1] Le général Ramorino, ancien officier des armées
de Napoléon, était un sectaire républicain. En 1848
il rentra en Piémont. Commandant une division à la
bataille de Novarre (23 mars 1849), il fut la cause prin-
cipale du désastre de l'armée piémontaise. Il quitta
sans autorisation les positions qu'il était chargé de
garder, sous prétexte qu'étant républicain, il ne devait
pas défendre les intérêts de la monarchie. Envoyé
devant un conseil de guerre et convaincu de trahison,
le général Ramorino fut condamné à mort et fusillé au
mois de juin 1849.

dans les Romagnes en 1831, l'affilié aux *ventes carbonare*, l'allié des francs-maçons.

Malgré cette divergence d'opinions au sujet des sectes, Louis-Napoléon exerçait une puissante influence sur l'esprit de son ami. Arese avait de l'énergie, du tact et du bon sens ; mais son talent était médiocre. Les rêves politiques du prince le séduisaient. Il se croyait en présence d'un homme de génie et ne s'apercevait point de tout ce qu'il y avait de confus, d'incohérent, de contradictoire dans les idées du futur empereur qui prêchait la liberté presque illimitée, tout en aspirant à rétablir le césarisme. Arese ne connaissait pas assez l'histoire de France pour comprendre combien les pensées du futur empereur étaient contraires aux traditions et aux intérêts du pays dont il voulait à tout prix devenir le souverain.

Pendant l'année qu'il passa à Arenenberg, Arese fit la connaissance du général Dufour, célèbre officier suisse qui donnait à Louis-Napoléon des leçons de sciences militaires. Il visita avec le prince la ville de Zurich et ses industries. Il eut des rapports suivis avec les conspirateurs italiens réfugiés en Suisse. Ce fut Arese qui en présenta plusieurs à Louis-Napoléon, et il est curieux de lire dans ses notes l'impression peu favorable que leur fit le prince :

« Le futur empereur des Français, — remarque Arese, — était alors l'objet d'une curiosité qui dissimulait mal la méfiance. Son caractère, ouvert et sympathique pour les intimes, s'enveloppait volontiers, devant les étrangers, d'une certaine impassibilité instinctive qui, s'alliant à la pâleur de sa physionomie, ne laissait pas tou jours l'impression la plus favorable. Il est curieux de rapporter les jugements que, de prime abord, provoquait la connaissance personnelle du prince chez quelques-uns des révolutionnaires italiens. Maximilien Maïnoni voyait en lui un type d'écuyer. Charles Bellerio, démocrate intransigeant, trouvait qu'il y avait en lui un peu du maître d'escrime et un peu de l'officier de cavalerie. Le prince Emile de Belgiojoso avait remarqué que le prince entrait toujours le premier par une porte ouverte. Démocrate, Louis Bonaparte voulait l'être, et peut-être il l'était ; mais lorsque Maïnoni se risquait à l'appeler *Monsieur*, Jacques Visconti-Ajmi, qui était mieux habitué aux usages des cours, lui disait, comme pour lui donner un aimable avertissement : « Pourquoi ne l'appelles-tu pas *mon prince*[1] ? »

[1] Voy. Bonfadini, *Vita di Francesco Arese*, ch. ii, p. 39-40, en note.

On voit clairement par cette note que si les révolutionnaires italiens n'avaient pas, peu après
1830, une haute idée des talents de Louis-Napoléon et semblaient fort sceptiques à l'endroit
de la mission à laquelle le neveu de l'empereur
aspirait, le prince, au contraire, posait déjà en
prétendant et, tout en prônant les idées les plus
avancées et en prenant les allures d'un démocrate, n'admettait pas qu'on oubliât qu'il était
membre d'une famille souveraine. Chez lui,
démocratie et césarisme s'alliaient, grâce aux
fictions d'un esprit rêveur, dominé par une ambition toujours inquiète et par une confiance
sans bornes dans son étoile.

François Arese fit son premier voyage à Paris
pendant son exil à Arenenberg. Il est probable
que Louis-Napoléon l'encouragea à faire cette
excursion pour connaître son opinion sur la
situation de la France. Il faut dire cependant à
la louange d'Arese, qu'il ne se mêla jamais des
conspirations bonapartistes. Il estimait qu'un
étranger devait s'abstenir de tout ce qui pouvait
le faire accuser ou même soupçonner de prendre
une part quelconque à des luttes politiques, et
il se borna, pendant son premier voyage à Paris,
à fréquenter les libéraux italiens qui s'y étaient
réfugiés à la suite des événements de 1821 et de

1831, en particulier M. Jean Ruffini et le comte Terenzio Mamiani dont il devint l'ami.

Revenu à Arenenberg, Arese dut s'en éloigner bientôt à la suite d'un profond dissentiment qui le sépara de sa famille et en particulier de sa mère. La comtesse Arese, sans être extrêmement bienveillante pour l'Autriche, ne partageait pas la haine de son fils contre cette puissance. Au surplus, elle avait assisté à trop de changements de gouvernements, à trop de révolutions, terminées par d'inexorables répressions qui avaient plongé dans le deuil d'honorables familles, pour ne pas être blasée à l'endroit des programmes du libéralisme. Ce qu'elle désirait ardemment, c'était de revoir son fils, de jouir de sa compagnie et de le marier. Pour atteindre ce but, elle ne recula devant aucune démarche et elle obtint, de la cour de Vienne, la promesse de l'amnistie à la seule condition que son fils en fît la demande.

Arese ne refusait pas de se marier. Mais il voulait faire librement le choix de la compagne de sa vie. Le prince Louis-Napoléon secondait ses tendances. Il avait même cherché à marier son ami ; mais le prince, comme il l'écrivait lui-même le 27 septembre 1833 à la comtesse Arese, était en fait de mariage, « un mauvais négociateur[1] ». Il avait fait des démarches pour trouver une femme à son ami ; mais il n'avait essuyé que des refus. La mère de la jeune et très riche Mlle Germain avait reculé devant la crainte de voir sa fille quitter un jour la France pour s'établir à l'étranger. Arese n'accepta pas la deuxième proposition de Louis-Napoléon, qui voulait préparer son mariage avec Mlle Tascher de la Pagerie, nièce de la reine de Suède et cousine du futur empereur.

Ce refus irrita le comtesse Arese. Sa colère devint bien plus vive lorsqu'elle apprit que son fils ne voulait, à aucun prix, demander l'amnistie qu'elle avait obtenue pour lui de l'Empereur d'Autriche. Elle somma impérieusement François d'obéir à ses ordres. Ne pouvant rien en obtenir, elle le punit en réduisant considérablement la somme d'argent qu'elle lui envoyait chaque mois pour qu'il pût vivre convenablement à l'étranger.

Profondément blessé par les procédés de sa mère, qui avait la haute main dans les affaires de sa famille, Arese prit une résolution énergique. Il alla s'engager en Algérie dans la légion étrangère et y resta deux ans. Le maréchal

---

[1] BONFADINI, *Vita di Francesco Arese*, ch. II, p. 41.

Clausel était alors gouverneur général de la colonie. Arese avait connu un des fils du maréchal, qui, peu de temps auparavant, avait passé une semaine au château d'Arenenberg. Il reçut un accueil sympathique à Alger et passa deux ans à l'armée, d'abord comme simple soldat de cavalerie dans la légion étrangère, puis comme officier d'état-major et aide de camp du général en chef. Pendant ses campagnes d'Afrique, Arese eut l'occasion de faire de nombreuses connaissances parmi les officiers de l'armée française, qu'il devait retrouver plus tard à Paris dans de hautes situations et dont il se servit pour appuyer ses démarches auprès de Napoléon III lorsqu'il fut chargé de négocier d'importantes affaires politiques et militaires pour le roi Victor-Emmanuel.

Cependant les amis d'Arese, regrettant la résolution qu'il avait prise, faisaient des efforts très énergiques pour calmer le courroux de sa mère. La reine Hortense s'y employa avec une bonne grâce parfaite. Elle écrivait, dès le mois de novembre 1835, à la comtesse Arese :

« Vous devez penser, Madame la comtesse, combien j'ai combattu ce projet désespéré. Qu'ira-t-il faire à Alger, lui étranger, sans moyens, même sans domestique pour le soigner en cas de maladie ? J'en ai été affligée pour vous et pour lui, que j'aime parce que je lui reconnais de bien nobles qualités. Mais, comme il est facile à irriter, c'est par les procédés, c'est par la douceur qu'on le ramènera et non par des menaces... »

Plus loin la reine ajoutait : « Mais quel emploi peut-il remplir là ? Quelle gloire lui est-il permis d'y recueillir ? Que votre tendresse maternelle se manifeste promptement pour lui, Madame ; je suis convaincue qu'il ne résistera pas à un mot tendre de vous [1]... ».

Mme Arese, pressée par ces affectueuses démarches, consentit enfin à oublier les torts qu'elle attribuait à son fils. Celui-ci ne voulut pas cependant quitter l'Algérie sans avoir parcouru cette belle colonie, et ce ne fut qu'après avoir fait une dernière excursion jusqu'aux frontières du Sahara qu'il s'embarqua pour l'Europe. Avant de quitter le service, il avait eu soin de s'assurer, non seulement que sa mère renonçait à sa prétention de le marier à sa guise et de lui imposer l'amnistie de l'Autriche, mais qu'elle n'exigeait rien de sa part qui pût être

[1] La reine Hortense à Mme la comtesse Arese, Arenenberg, novembre 1835. Cf. BONFADINI; *op. cit.*, ch. 11, p. 43-44.

interprété comme l'aveu d'une faute. Cette circonstance est à signaler, parce qu'elle donne
la mesure de la fermeté de caractère et aussi de
l'orgueil de l'ami de Napoléon III.

Sa première visite, en rentrant en Europe,
fut pour le château d'Arenenberg. Il y fut reçu
comme un fils par la reine Hortense et comme
un frère par Louis-Napoléon. Il alterna dès
lors les séjours sur les bords du lac de Constance avec de fréquents voyages à Paris et à
Londres, où il s'informait de l'état des affaires
politiques et maintenait ses rapports avec les
émigrés italiens.

Le 3o octobre 1836, Louis-Napoléon se si-
gnala par le coup de main de Strasbourg. Il
en avait parlé à Arese ; mais son ami s'était
abstenu de l'encourager, ne voulant pas qu'on
pût l'accuser de se mêler des affaires de France.
Tenu au courant des projets du prince, Arese
ne fut pas surpris par les événements, et probablement il ne s'étonna pas non plus de l'insuccès de l'équipée. Sa pensée se tourna vers
son ami et vers la reine Hortense, qui souffrait
cruellement des suites du coup de tête de son
fils. Elle devait bientôt faire appel au dévouement d'Arese.

On sait que le gouvernement de Louis-Phi-

lippe se montra fort généreux à l'égard de Louis-
Napoléon. Au lieu de le punir sévèrement,
comme il l'avait mérité par sa tentative séditieuse,
il se contenta de l'embarquer sur un navire
français qui le transporta à New-York. La reine
Hortense, informée de l'exil du prince en Amérique, se montra désolée de le voir si loin
d'elle dans un pays où il ne comptait guère
d'amis. La malheureuse mère était sérieusement
atteinte du mal qui devait l'emporter après de
longues et cruelles souffrances. Arese, rentré
à Arenenberg, la trouva dans un état de dé-
pression morale que rien ne parvenait à vaincre. Il s'efforça de lui prodiguer des soins et
des consolations ; mais, voyant que sa pensée
se portait toujours vers le fils qui allait traverser l'Océan, il s'offrit spontanément de partir
pour New-York et d'y attendre Louis-Napoléon [1]. La reine Hortense accepta avec la plus
vive reconnaissance. Elle n'avait pas osé demander à Arese cet acte de dévouement ; mais

[1] Louis-Napoléon ne fut pas transporté directement
de France à New-York. La frégate sur laquelle on
l'embarqua alla d'abord à Rio-de-Janeiro et de là à
New-York. Ceci explique pourquoi Arese arriva en
cette ville avant Louis-Napoléon, malgré une mauvaise
traversée.

le comte, qui l'aimait comme sa seconde mère, avait compris son désir et était heureux de s'y prêter. Il partit pour l'Amérique, le cœur content en songeant au service qu'il rendait à son ami et au soulagement que son départ procurait à l'ex-reine.

La traversée dura plus de cinquante jours. Elle fut très mauvaise. On était au cœur de l'hiver. Le temps était extrêmement rigoureux, la mer très agitée. Néanmoins, l'espoir d'Arese et de la reine Hortense ne fut point trompé. Le comte arriva à New-York plusieurs jours avant le débarquement de Louis-Napoléon. On comprend aisément quelle dut être la joie du prince exilé en rencontrant sur le sol américain cet ami fidèle. Sa présence lui rendait moins sensibles les peines que lui causaient l'effondrement de ses rêves ambitieux et leurs suites douloureuses. Pendant trois mois, Arese et Louis-Napoléon habitèrent sous le même toit, à New-York, faisant ensemble de longues promenades, parlant souvent politique et discutant les chances que l'avenir pouvait leur réserver.

Ce fut dans ces longues conversations de New-York, bien mieux que dans leurs causeries d'Arenenberg, qu'Arese pénétra les secrets les plus intimes de l'esprit et du cœur de Louis-Napoléon, et se rendit compte de ses véritables tendances. Il constata que, malgré l'inégalité de son caractère, son âme trop impressionnable, son penchant très marqué pour les aventures, le prince avait une volonté ferme et n'était pas sans talent. Arese, ne doutant pas que son ami ne parvînt un jour, grâce aux hasards des révolutions si fréquentes en France depuis 1789, à renouer les fils interrompus de la tradition bonapartiste, s'efforça de plaider en faveur de l'indépendance de l'Italie. La cause était gagnée d'avance. Louis-Napoléon était trop engagé avec les sectes italiennes pour reculer, même après l'insuccès de la révolution des Romagnes en 1831 et l'échec qu'il venait de subir lui-même à Strasbourg. Il avoua à son ami qu'il avait toujours vu dans l'Italie un des plus grands facteurs des nouveautés qu'il méditait. Certes, comme M. Bonfadini le fait remarquer [1], le prince n'avait pas à cette époque une idée claire de ce qu'il ferait le jour où il deviendrait le maître de la France. Aussi le comte Arese se garda bien d'entrer dans les détails, se contentant de parler souvent de l'indépendance de

---

[1] Bonfadini, *Vita di Francesco Arese,* ch. 11, p. 48.

son pays et d'exciter chez le futur empereur
cette haine contre l'Autriche qu'il regardait
comme la condition essentielle d'une politique
révolutionnaire au delà des Alpes. Louis-Napoléon n'avait pas besoin d'être encouragé pour
manifester ses sentiments hostiles à l'Autriche.
Il détestait cette puissance, à laquelle il attribuait surtout les malheurs de sa maison. Il
avait l'idée fixe que, pour donner à la France
une situation prépondérante en Europe, il fallait détruire de fond en comble l'œuvre du
Congrès de Vienne. Sachant que l'Autriche était
très attachée à cette œuvre qu'elle avait si puissamment contribué à créer, il aspirait à l'humi-
lier. Étranger aux idées traditionnelles de la
politique française, il ne songeait même pas
aux conséquences probables des rêves qu'il ca-
ressait. Aussi n'hésita-t-il pas un seul instant à
promettre à son ami Arese de donner son appui
aux revendications du parti national italien le
jour où il serait à la tête des destinées de la
France.

Tout, en Amérique, portait Louis-Napoléon
à se compromettre avec les révolutionnaires
italiens. Il y avait, en 1837, à New-York, un
groupe nombreux de libéraux de la Péninsule
qui avaient émigré au-delà de l'Océan, soit

pour fuir les prisons de l'Autriche, soit pour
se préparer, dans un pays libre, à de nouvelles
entreprises contre les gouvernements de leur
pays. On y rencontrait deux des prisonniers
du Spielberg, grâciés par l'Autriche, Maroncelli et le comte Frédéric Confalonieri. Autour
de ces deux grands personnages du carbonarisme se groupaient des libéraux moins célèbres,
mais également ardents : Benzoni, Tinelli,
Foresti, Argenti. Arese fréquentait leur société
et y conduisait le futur empereur. Ils parlaient
ensemble des affaires italiennes et de leurs espérances pour l'avenir. Leurs conversations
avec Louis-Napoléon, la confiance qu'ils lui
témoignaient, eurent beaucoup d'influence sur
l'esprit du prince [1]. Quand il sera empereur, il
se souviendra des réunions de New-York, où
les libéraux italiens l'encourageaient, alors que

[1] Le seul des émigrés italiens qui s'abstînt de faire sa
cour a Louis-Napoléon, fut Confalonieri. « Louis Bonaparte, dit M. Bonfadini, avait rencontré Frédéric
Confalonieri et s'était efforcé de se montrer aimable
envers lui. Mais il avait reçu un accueil froid de la part
de l'orgueilleux seigneur milanais, auquel les souffrances de la prison autrichienne n'avaient pas fait
oublier entièrement ses anciennes répugnances pour
les traditions napoléoniennes. » (Voy. BONFADINI, *Vita
di Francesco Arese*, ch. II, p. 48.)

tout le monde en France, et même les membres de sa famille, blâmaient son ambition et ses entreprises césariennes.

Quelque intérêt que présentât leur séjour en Amérique, Louis-Napoléon et Arese n'aspiraient cependant qu'à l'abréger. Le désir de revoir l'Europe, d'y rencontrer les parents et les amis qu'ils y avaient laissés, de se mêler de plus près aux mouvements des partis politiques et des idées, les attiraient vers le vieux continent. Il y avait toutefois un obstacle à surmonter. Le gouvernement de Louis-Philippe n'avait consenti à envoyer le héros de Strasbourg au delà de l'Océan que sur la promesse qu'il avait faite de ne pas quitter les États-Unis. Il fallait obtenir de Paris la permission de rentrer en Europe. Elle ne fut pas refusée au prince, qui reçut l'autorisation de s'établir en Suisse ou en Angleterre. Il partit pour Londres, d'où il s'empressa de se rendre auprès de sa mère, toujours malade à Arenenberg. Avant de quitter à son tour l'Amérique, Arese fit un voyage à travers les États-Unis, les Carolines, les Antilles et le Canada, sur lesquels il nous a laissé des notes remarquables, écrites en français sous le titre de *Notes d'un voyage dans les prairies et dans l'intérieur de l'Amérique septentrionale* [1]. Je ne m'arrêterai pas à examiner cet ouvrage. Pour prouver la finesse des observations de l'auteur, il me suffira de dire que, dès 1837, il prévoyait que Chicago, qui était alors une petite ville de 6000 habitants, serait appelée à un grand avenir.

Le voyage du comte Arese dura sept mois et se prolongea jusqu'au printemps de 1838. Lorsqu'il rentra en Europe, il ne retourna pas à Arenenberg. La reine Hortense était morte au mois d'octobre 1837. Louis-Napoléon avait eu à peine le temps d'accourir pour l'embrasser une dernière fois. Elle n'avait pas oublié Arese dans son testament, daté du mois d'avril, avant une douloureuse opération. L'ex-reine légua à Arese un bijou de valeur. Ne croyant pas revoir son fils, alors exilé en Amérique, la princesse lui avait adressé une lettre touchante, où on lit cette phrase : « Ce bon Arese, je lui donne aussi ma bénédiction comme à un fils.» La reine Hortense mêlait donc, dans un suprême adieu, son fils et le fidèle compagnon de son exil.

[1] Ce travail est demeuré inédit jusqu'à la mort du comte Arese. M. Correnti, qui l'avait lu, en fit les plus grands éloges au Congrès géographique de Venise, en 1881. M. Bonfadini l'imprime à la suite de sa *Vie de François Arese*. (Voy. à l'Appendice, p. 445 et suiv.)

CHAPITRE III

5

En 1838, à son retour des Etats-Unis, François Arese put rentrer à Milan. Les fêtes du couronnement du nouvel Empereur d'Autriche, Ferdinand Ier, qui allait poser sur sa tête la couronne de fer dans la cathédrale de cette ville, avaient amené une détente générale en Lombardie. Une amnistie ouvrait les portes des prisons aux condamnés politiques et permettait aux exilés de revoir leur pays sans être contraints à faire la moindre démarche. Dans ces conditions, rien ne pouvait empêcher Arese de satisfaire au désir de sa mère. Il revint donc en Lombardie ; mais ce ne fut pas sans regret qu'il constata les effets que la clémence impériale y avait produits. La lassitude et le scepticisme à l'endroit des conjurations et revendications libérales étaient la note dominante dans la haute société milanaise. On était tout disposé à transiger avec l'Autriche ; l'intolérance maussade du comte Arese se trouvait déplacée dans un milieu semblable. On peut donc dire qu'il était comme dépaysé et étranger dans son propre pays.

Si, à cette époque, l'Autriche avait su profiter des bonnes dispositions des hautes classes à Milan, à Venise et dans toutes les provinces italiennes, nul doute qu'elle n'eût enrayé pour longtemps le mouvement révolutionnaire. Metternich ne sut pas ou ne voulut pas exploiter cette situation favorable. On retomba bientôt dans la routine, et la société milanaise, s'abandonnant à la mollesse et à la légéreté, ne s'occupa plus que de chiens, de chevaux et de distractions futiles. Arese souffrait de ce désœuvrement général des gens de sa condition. Sans être un homme de grande valeur, il avait de l'instruction et ne pouvait tolérer la frivolité de ceux qu'il aurait voulu voir travailler avec ardeur à l'affranchissement national. Il forma donc un petit groupe de personnes qui, au lieu de conspirer, comme en 1830, contre l'Autriche, se résignèrent à attendre des temps meilleurs tout en se préparant à une action vigoureuse contre la domination étrangère et l'absolutisme.

L'influence des libéraux qui se réunissaient autour de François Arese eût été fort peu dangereuse pour la cour de Vienne si le prince de Metternich, se rendant compte enfin des besoins et des légitimes aspirations des provinces italiennes de l'Autriche, eût adopté une politique nouvelle moins absurde que celle qu'il pratiquait depuis 1815. Ceux qui, comme François Arese et ses rares amis, réclamaient le départ des Autrichiens, étaient, en 1838, fort peu nombreux, même à Milan. La grande majorité des classes dirigeantes était rallié au régime établi en Lombardie et en Vénétie par le traité de Vienne. L'Autriche pouvait, en outre, compter sur le peuple qui lui était dévoué, surtout dans les campagnes et les petites villes. Les classes dirigeantes avaient largement manifesté leur dévouement à la maison de Habsbourg en prenant une vive part aux fêtes du couronnement de l'Empereur Ferdinand Ier à Milan. Le gouvernement autrichien pouvait donc leur accorder quelque chose sans s'exposer au moindre danger et avec la certitude même de consolider sa situation en Italie et de réduire le parti des irréconciliables et les carbonari à l'impuissance. Il ne s'agissait pas d'ébranler la domination de l'Autriche dans le nord de l'Italie, d'ouvrir les voies à l'unité de la Péninsule, à laquelle personne ne songeait alors et que la plupart, même parmi les adversaires résolus de l'Autriche, regardaient comme une pure utopie. Il suffisait d'accorder quelques franchises locales, une autonomie modérée aux provinces italiennes, de modérér l'absolutisme et surtout de mettre un terme à l'arbitraire et aux persécutions insensées de la police.

Quand on songe à ce qu'il y avait de modéré et d'inoffensif pour la domination autrichienne dans les aspirations de la grande majorité des classes dirigeantes lombardo-vénitiennes, on ne comprend pas qu'un homme d'Etat de la valeur du prince de Metternich se soit refusé à entrer dans la voie qu'on lui indiquait et qui eût épargné bien des désastres et des humiliations à l'Empire des Habsbourg. Mais M. Metternich avait le malheur de poursuivre des projets que l'expérience la plus vulgaire eût condamnés comme des rêves absurdes. Ayant assisté à la Révolution française et à ses conséquences si funestes pour l'Autriche, Metternich s'était persuadé que, pour empêcher à tout jamais le retour de tant de calamités, il fallait à tout prix suivre un programme politique carrément contre-révolutionnaire, s'imaginant qu'avec la compression à outrance et des mesures policières d'une rigueur extrême, il pourrait arrêter le cours des évenements et détruire les idées libérales.

D'autre part, frappé par la force de cohésion que le système de centralisation le plus savamment organisé avait donné à la France à partir du règne de Napoléon Ier, Metternich estima qu'il lui serait possible d'en faire autant en Au-

triche, sans tenir compte de l'immense diffé-
rence qu'il y avait entre un pays habité par une
seule race, comme la France, et un Empire
formé par l'agglomération de plusieurs peuples,
étrangers les uns aux autres par les origines,
les mœurs, la langue et les tendances politiques
et nationales. L'Autriche, au cours des derniers
siècles, avait eu soin de ménager ses sujets et
de respecter leurs franchises nationales. C'est
là le secret de sa domination paisible sur les
Slaves, les Magyars et les Italiens, surtout du
temps de Marie-Thérèse et de ses successeurs,
avant les guerres de la Révolution et du premier Empire. M. de Metternich prétendit, au
contraire, que tout l'Empire Autrichien se
groupât autour de la minorité allemande. Il
centralisa tous les pouvoirs à Vienne et se livra
à une œuvre de germanisation violente sans
précédents dans la Monarchie des Habsbourgs.
L'échec d'une telle politique était inévitable et
le chancelier autrichien devait le comprendre
d'avance et renoncer à un programme imprati-
cable. Il fut si aveugle que non seulement il se
jeta, la tête baissée, dans cette aventure, mais
qu'il y persévéra même alors que les premières
conséquences de son système de centralisation,
ainsi que celles de sa politique contre-révolu-

tionnaire, lui eurent démontré qu'il faisait fausse route et qu'au lieu de consolider le gouvernement impérial, il l'ébranlait, en Italie et en Hongrie surtout.

Quoi qu'il en soit, on comprend fort bien que, persistant dans la poursuite d'un plan aussi chimérique, le prince de Metternich devait se refuser à faire toute concession aux sujets italiens de l'Autriche. Il ne voulait pas accorder la moindre franchise portant atteinte à l'absolutisme, parce qu'il la regardait comme une dérogation à sa politique contre-révolutionnaire et comme une capitulation désastreuse vis-à-vis des carbonari. Il repoussait toute idée d'autonomie, même la plus modérée, parce qu'elle contrecarrait ses plans de centralisation. Les bonnes dispositions des classes dirigeantes, lors du couronnement de Ferdinand Ier à Milan, loin de l'engager à se montrer conciliant, engendrèrent chez lui l'illusion de pouvoir tout oser avec des gens si fidèles à l'Empereur. Il s'imagina qu'en soignant les intérêts matériels du peuple et en procurant des distractions mondaines aux riches, il pourrait contenter tout le monde à bon compte. Metternich ne voulut pas comprendre que si une telle politique pouvait réussir pour un temps, son système ne résiste-

rait pas au premier choc provoqué par un évè-
nement soudain, favorable au réveil de l'esprit
national et des idées libérales en Italie. Les révolutions de 1848, en Italie et en Hongrie, prou-
vèrent trop tard au chancelier autrichien qu'il
avait fait fausse route.

Mais, en 1838, Metternich ne prévoyait nullement que la révolution viendrait à bref délai
détruire son œuvre. Ses agents, à Milan, étaient
tout occupés à encourager la légèreté et le désœuvrement des classes riches, et, il faut bien
le dire, ils réussissaient admirablement dans
l'accomplissement de la tâche que le chancelier
autrichien leur avait confiée. Tout le monde
n'était pas cependant résigné à imiter les
tristes penchants de tant de nobles et de riches
pour une vie légère et futile. Les hommes de
cœur, ceux qui rougissaient du spectacle que
leur offraient les classes dirigeantes, surtout à
Milan, résolurent de réagir vigoureusement
contre les habitudes chères à M. de Metternich.
Parmi les hommes qui prirent une part très
active à ce mouvement destiné à remettre en
honneur les études et les occupations sérieuses,
il n'y avait pas seulement d'anciens conspirateurs, tels qu'Arese et ses amis, il y avait aussi
des écrivains célèbres, comme Manzoni et Cantù.

La lutte s'engagea bientôt entre les deux partis, celui qui cherchait à pousser les jeunes
gens riches aux occupations sérieuses et celui
qui favorisait la vie oisive et légère.

Dès 1838, on avait fondé a Milan une revue,
le *Politecnico*, où l'on s'occupait de sciences,
d'économie politique et de législation. Quelques
années auparavant, l'*Indicatore lombardo* avait
commencé ses publications dans la même ville.
C'était une revue qui comptait parmi ses principaux collaborateurs César Cantù et qui avait
pour programme de ranimer les idées littéraires
et le goût des arts et des sciences parmi la
jeunesse italienne. L'*Indicatore* s'efforçait aussi
de favoriser les progrès de la littérature italienne en mettant ses lecteurs au courant des
chefs d'œuvre des plus célèbres écrivains de
l'Europe contemporaine. Plus tard, la *Rivista
Europea* et le *Presagio* vinrent s'ajouter aux
recueils que je viens de nommer et accrurent,
dans une notable proportion, le mouvement
littéraire et scientique, à Milan. Ce mouvement
était de temps en temps ravivé par des congrès
scientifiques convoqués tour à tour à Milan, à Venise et dans d'autres villes d'Italie. Il était clair
que si une partie des personnes qui écrivaient
dans les revues et allaient aux congrès scientifi-

ques n'avait aucune arrière pensée révolutionnaire, une autre partie — la plus considérable — ne se servait des revues et surtout des
congrès que pour préparer l'opinion à une
révolution plus ou moins éloignée et pour
établir des rapports suivis entre les hommes les
plus remarquables du parti libéral.

Les agents de Metternich ne voyaient que
trop le but que poursuivaient les adversaires de
l'absolutisme et de la domination étrangère,
mais ils étaient impuissants à réprimer un
mouvement qui se faisait sous les auspices de
la littérature et de la science. Tant qu'elle avait
eu affaire à des carbonari, ourdissant des complots, préparant des révoltes, la police avait pu
réagir violemment. Que pouvait-elle contre
des gens qui passaient leur temps à faire de
la littérature, de l'histoire et des sciences,
contre des réunions de savants d'où la politique était bannie ? Supprimer les revues, s'en
prendre aux congrès et autres réunions de
savants, c'était s'exposer au ridicule, mettre
volontairement l'Autriche au ban des nations
civilisées. Voulant réagir quand même contre
ces progrès intellectuels qui pouvaient anéantir
les efforts que Metternich avait faits pour éloigner les classes dirigeantes des occupations

sérieuses, la police et les fonctionnaires autrichiens encouragèrent et soudoyèrent toute une catégorie de journaux légers, où l'on raillait la jeunesse studieuse et on encourageait l'oisivité. Aux revues littéraires et savantes que j'ai nommées tout à l'heure on opposa des journaux hebdomanaires comme la *Fama*, le *Pirata*, la *Moda*, *l'Ape delle Dame* (l'Abeille des Dames), la *Terpsichore*.

La lutte fut vive entre les promoteurs de la culture intellectuelle et les fauteurs intéressés de l'ignorance. Mais les forces des deux partis étaient trop inégales pour que la victoire appartînt aux seconds. C'était folie de croire que des revues rédigées par César Cantù, Mauri, Cattaneo seraient battues par la *Moda*, la *Terpsichore* et autres publications de la même valeur. Metternich perdit son temps et les idées libérales emportèrent en un instant le roseau avec lequel il prétendait arrêter les eaux d'un fleuve.

Malheureusement, dans ce mouvement littéraire et scientifique, tout le monde ne poursuivait pas le même but. Tandis que Manzoni et Cantù demeuraient fidèles aux idées catholiques, d'autres donnaient en plein dans le rationalisme et se montraient animés d'une hostilité violente contre l'Eglise. François Arese et ses

amis étaient très éloignés de l'école de Cantù [1]
et se rapprochaient, au point de vue religieux,
de celle des révolutionnaires anticatholiques,
Leur exemple fut suivi par d'autres, en Italie,
et la Péninsule paya, en dernière analyse, les
frais de cette politique fausse qui, mettant en
lutte le sentiment religieux et le sentiment patriotique, fit un mal immense à la jeunesse des
écoles et prépara de longue main la démorali-
sation de la bourgeoisie et l'introduction des
idées radicales et socialistes parmi le peuple.

Obligé par les circonstances de se tenir à
l'écart, Arese put enfin répondre au désir de sa
mère en se mariant de son plein gré avec Mlle
Caroline Fontanelli, fille du général Fontanelli, dernier ministre de la guerre du premier
royaume d'Italie. Le mariage eut lieu à la fin

---

[1] Lorsqu'on parle de l'opposition que César Cántù
fit à l'Autriche avant 1859, et plus particulièrement de
1839 à 1848, il ne faut pas confondre la conduite du
grand historien avec celle des révolutionnaires. Cantù
demandait à l'Autriche de respecter les droits des
sujets italiens, mais ne conspirait pas contre le pouvoir établi. Il défendait la religion et combattait de
toutes ses forces l'impiété, la philosophie antichré-
tienne et surtout la secte maçonnique, tandis que la
plupart des libéraux les plus en vue étaient plus ou
moins imbus des idées voltairiennes ou mazziniennes,
et profondément hostiles au catholicisme.

de l'année 1839. Il fut heureux. Le comte et la comtesse François Arese eurent trois fils et une fille.

Cependant, la comtesse Marc Arese étant morte peu de temps après, François fut chargé par son père de gérer les affaires de sa famille. Les occupations qu'entraînait la direction d'une grande fortune foncière et son récent mariage empêchèrent le comte de faire un nouveau voyage en Suisse pour y voir Louis-Napoléon. Tout à coup, au mois d'octobre 1840, le débarquement du prince à Boulogne et son arrestation vinrent modifier pour longtemps les rapports personnels des deux amis. Enfermé à Ham, Louis-Napoléon n'oublia pas Arese, qui, de son côté, s'était empressé de lui écrire pour lui manifester son inaltérable dévouement.

M. Bonfadini, dans sa *Vie de François Arese*, publie deux lettres inédites du prince à son ami. Dans la première, qui est du 22 juillet 1841, Louis-Napoléon s'exprime ainsi :

« Mon cher Arese, je suis bien fâché que la lettre que je vous ai écrite en réponse à la vôtre ne vous soit pas parvenue, car je vous exprimais tout le plaisir que j'avais ressenti en voyant que votre amitié pour moi n'était pas refroidie, et je vous disais que j'étais bien tou-

ché des nouvelles preuves d'affection que vous
me donniez dans mon nouveau malheur.

« Ne croyez pas, d'ailleurs, que je sois très
malheureux : j'aime autant être ici qu'autre part,
et je sais me créer des occupations qui abrègent
les heures de la journée. J'ai planté sur un
bastion un petit jardin qui m'occupe et j'écris
le restant du jour.

« J'ai publié dernièrement une brochure
intitulée : *Fragments historiques*, 1688 *et* 1830.

« Maintenant je travaille à une histoire de
Charlemagne. Combien je suis sensible, mon
cher Arese, à l'espoir que vous me donnez de
venir me voir dans ma forteresse. Je n'ai pas
besoin de vous dire que si vous faites un
voyage de ce côté-ci, rien au monde ne me fera
plus de plaisir que de vous revoir, que de vous
embrasser et de parler ensemble *dei tempi
passati*.

« Vous savez que le général de Montholon
et le docteur Conneau sont avec moi ; ce dernier se rappelle à votre souvenir ; il a eu dernièrement la visite de Mme et Mlle Bertucat, ce
qui lui a fait grand plaisir, parce qu'il aime
beaucoup cette jeune personne et est fiancé
avec elle. C'est une *harpiste* très habile.

« J'ai été bien content d'apprendre que vous

étiez heureux en ménage et que vous jouissiez
en philosophe, après tant de tourments, des
douceurs du lien conjugal et de la paternité.

« C'est là seulement qu'est le vrai bonheur,
quand on rencontre bien ; mais il n'est pas
donné à tous d'en jouir, et il y a des hommes
qui sont destinés à n'avoir alternativement que
de vives satisfactions et de profondes douleurs !

« Que de choses j'aurais à vous dire si je
voulais vous écrire comme je vous parlais autrefois, dans nos bonnes courses en Suisse, mais
ni les regrets ni les plaisanteries ne vont bien
dans ma lettre.

« J'ai écrit à Rome à..... de vous envoyer le
portrait de mon père peint par Cottrau, si vous
désirez l'avoir ; mais je compte maintenant
garder le château (d'Arenenberg), quoique je ne
compte guère y retourner jamais. Vous devriez
bien tâcher de me faire vendre Gottlieb, ainsi
que la grande tapisserie des Gobelins que j'ai
à Rome.

« Ecrivez-moi bientôt, mon cher Arese, car
vos lettres me font bien plaisir, et ne doutez
jamais de ma sincère amitié. »

On voit par cette lettre combien les rapports
entre Arese et Louis-Napoléon étaient intimes.
Arese soignait les affaires du prince en Italie,

pendant que son ami subissait sa peine à Ham.

La seconde lettre de Louis-Napoléon est du 6 août 1845. Le prétendant y apparaît triste et découragé, bien que le gouvernement de Louis-Philippe ne se montre rien moins que cruel à son endroit. Louis-Napoléon s'exprime ainsi :

« Je ne sais vraiment pourquoi nous ne nous sommes pas écrit depuis si longtemps, car je suis bien sûr que nos sentiments réciproques n'ont pas varié. Je me suis toujours informé avec le plus vif intérêt de tout ce qui vous touche et j'ai appris avec plaisir que vous jouissiez au moins de ce bonheur domestique qui n'est pas tout, mais qui est cependant une grande consolation.

« Je ne puis vous en dire autant, mais enfin chacun suit sa destinée, et si j'éprouve bien des chagrins, j'ai, de temps en temps, quelques adoucissements en recevant des preuves de sympathie qui sont un baume sur un cœur blessé. Votre souvenir a produit sur moi un effet semblable, car c'est dans ma position surtout qu'on détourne avec plaisir les yeux du présent pour les reporter sur un passé qui me sera toujours cher.

« Je suis bien sûr, mon cher Arese, que si

vous étiez libre, vous seriez venu me voir, et j'aurais été bien heureux de vous retrouver, dans la mauvaise comme dans la bonne fortune, aussi affable et aussi dévoué.

« Espérons qu'un jour nous nous reverrons; nous nous trouverons bien vieillis de corps, mais non de cœur.

« Je vous remercie bien des détails que vous me donnez sur le système Console, mais il me faudrait, soit un modèle, soit un dessin du chien et de la batterie.

« J'ai entrepris, depuis trois ans, un immense travail sur l'histoire de l'artillerie et de la guerre. On me fournit de la Bibliothèque royale tous les manuscrits et livres dont j'ai besoin, mais on ne trouve pas tout à Paris; si, par hasard, vous pouviez découvrir quelque vieux bouquin sur l'artillerie, tel que *Beraldo*, vous me feriez grand plaisir de me l'envoyer.

« Vous avez en Italie bien des savants qui se sont occupés en partie du sujet que je traite; j'ai le nouvel ouvrage de M. Carlo Promis, sur les œuvres de Francesco di Giorgio, qui est extrêmement curieux et bien fait.

« Adieu, mon cher Arese, faites bien des amitiés à votre femme de ma part, embrassez vos enfants pour moi, car j'aime tout ce qui vous appartient... »

Le comte Arese entretenait en même temps une correspondance suivie avec le docteur Henri Conneau, qui partageait à Ham la captivité de Louis-Napoléon. C'était un bonapartists ardent. La révolution italienne devait avoir, plus tard, en lui, un des avocats les plus chaleureux. Son amitié avec Arese datait du séjour que le patricien milanais avait fait à Arenenberg. Leur correspondance, où les affaires privées et les questions politiques se mêlent continuellement, serait très curieuses à publier. Elle a duré jusqu'à la mort de Conneau. Dans une lettre, datée de Ham le 11 janvier 1846, publiée par M. Bonfadini, le docteur Conneau donne les nouvelles suivantes de Louis-Napoléon :

« Je ne te dirai rien touchant nos affaires, si ce n'est que le père du prince a présenté au gouvernement la demande d'avoir son fils auprès de lui. Cette demande a été repoussée. Le prince, de son côté, a demandé directement au gouvernement d'aller soigner son père malade et infirme, promettant de retourner en prison dès que le gouvernement l'exigera. Mais cette proposition a été également repoussée.

« Je ne saurais te dire ce qui arrivera, car il
ne m'est pas donné de deviner l'avenir. Je dé-
sirerais beaucoup pour le prince que sa déten-
tion finît, car il me semble que sa santé commence à en souffrir. Il est cependant toujours
calme et de bonne humeur, supportant l'adver-
sité avec résignation et patience. Il a fait ce
qu'un bon fils pouvait faire ; je crois que son
père ne prétendra pas davantage...

« Son travail avance. Les premières pages
sont déjà sous presse. Les gravures du premier
volume sont presque achevées. Je ne sais pas
cependant quand le premier volume pourra
paraître. Il y a encore quelques chapitres dont
le prince n'est pas content, et qu'il est en train
de remanier, de corriger et d'augmenter. »

Quelque temps après, l'ancien roi de Hollande mourait à Florence, et Louis-Napoléon
devenait le chef de la maison Bonaparte. Le
vœu du docteur Conneau était exaucé par la
fuite du prince du donjon de Ham.

Cependant, Arese était distrait par d'autres
préoccupations. L'avènement de Pie IX et ses
premiers actes avaient enthousiasmé les Italiens et relevé les espérances des libéraux. Dès
avant 1846, à l'instar de Confalonieri, mort
depuis peu de temps, Arese et les libéraux mo-

dérés de Milan avaient placé toutes leurs espérances dans le Piémont, et noué des rapports
suivis avec les libéraux piémontais et la cour
de Turin. Aussi, dès que le moment lui parut
propice, Arese s'empressa-t-il de préparer un
mouvement en Lombardie, dans l'espoir très
fondé que les efforts de ses compatriotes seraient
appuyés par l'armée sarde. De jour en jour,
l'agitation devenait plus vive. Le parti mazzinien travaillait de son côté, mais avec la volonté bien arrêtée d'empêcher l'annexion du pays
au Piémont et de proclamer la république. En
attendant, libéraux et mazziniens, oubliant
pour un instant ce qui les divisait, s'étaient
unis dans un commun effort contre les Autrichiens. La révolution de Février mit le feu aux
poudres. Elle fut suivie de près par la révolution de Vienne (10 mars 1848), qui eut son contre-coup à Milan, le 18 mars.

François Arese se préparait à faire le coup
de feu sur les barricades, lorsque des amis
vinrent le prier, de la part du comité insurrec-
tionnel, de se rendre à Turin pour implorer
le secours du Piémont. C'était M. Cernuschi[1],

[1] M. Cernuschi (Henri), révolutionnaire milanais,
et un des chefs de l'insurrection de mars 1848 à
Milan, s'est rendu plus tard tristement célèbre pour

républicain violent et ami de Mazzini, qui avait, au sein du comité, proposé ces démarches. Le comité accepta d'emblée la proposi-

avoir proposé à Mazzini, le premier des triumvirs de la République romaine de 1848, de faire sauter la coupole de Saint-Pierre au moment de l'entrée des troupes françaises à Rome, au mois de juin 1849. Mazzini, plus rusé que son jeune ami, comprit l'énormité d'un tel attentat. Sachant bien que Cernuschi, qui était venu à Rome après la chute du gouvernement révolutionnaire de Milan avec des idées d'une violence inouïe, ne se serait pas résigné à un refus pur et simple ou à une fin de non-recevoir, et qu'il était capable de faire la même proposition à Garibaldi ou à d'autres gens qu'un tel crime eût peut-être séduits, Mazzini se tira d'affaire par cette réponse : « Ce que vous proposez, mon cher Cernuschi, ameuterait contre nous toute l'Europe et remplirait le monde d'horreur. D'ailleurs, votre proposition, si patriotique qu'elle soit, n'est pas pratique. Respectons Saint-Pierre de Rome. Lorsque nous reviendrons ici et que notre triomphe sera définitif, alors Saint-Pierre deviendra le temple de la nouvelle religion que nous établirons. » Cette réponse calma la fureur vandalique et maçonnique de Cernuschi. Ce personnage fut obligé de fuir la Ville éternelle, occupée désormais par les troupes du général Oudinot. Il se fixa à Paris, où les républicains lui firent un accueil fraternel. Cernuschi se fit naturaliser Français après la chute du second Empire. Il gagna beaucoup d'argent dans d'heureuses spéculations financières. Il est mort à Menton le 11 mai 1894. Son cadavre a été incinéré à Paris. Cernuschi était né à Milan en 1821. Il était un des grands dignitaires de la secte maçonnique.

tion de M. Cernuschi et jugea que la personne
la mieux indiquée pour remplir une mission si
délicate était le comte François Arese, dont on
connaissait la prudence et le tact et qui se re-
commandait aussi par son amitié intime avec
Massimo d'Azeglio, un des personnages les
plus influents parmi les conseillers politiques
de Charles-Albert.

Arese accepta la mission qu'on lui confiait.
Il régla en toute hâte quelques affaires de
famille et partit pour Turin. Son voyage ne fut
pas exempt de péripéties et de dangers. Au
moment où, monté sur une petite voiture, il
allait sortir de Milan par la porte du Tessin
(*Porta ticinese*), les Autrichiens, qui occupaient
cette partie de la ville dont l'insurrection
ne s'était pas encore emparée, tirèrent quelques
coups de fusil sur le voyageur. L'allure rapide
de la voiture d'Arese avait éveillé les soupçons
des officiers qui pensèrent qu'elle pouvait bien
porter hors la ville un émissaire de la révolution. Arese comprend aussitôt qu'il faut à tout
prix atteindre le plus vite possible la frontière
piémontaise à une quarantaine de kilomètres
de Milan. Il fouette son cheval et arrive à
Robecchetto, sur les bords du Tessin, au commencement de la nuit. Il est trop tard pour

passer la rivière qui servait alors de frontière entre l'empire d'Autriche et le royaume de Sardaigne. Heureusement pour lui, Arese possédait une grande propriété à Robecchetto. Il put donc passer la nuit chez lui, sans éveiller de soupçons et sans courir de dangers. Le 19 mars, dès l'aube, Arese envoie chercher une barque pour traverser le Tessin. La veille, rien n'eût été plus facile que de la trouver. Mais, pendant la nuit, les gendarmes et les douaniers autrichiens avaient reçu des ordres formels de surveiller toute la rive gauche de la rivière et d'empêcher qu'aucune barque ne passât de Lombardie en Piémont. Les bateliers, effrayés, se refusèrent à embarquer Arese à n'importe quel prix. La situation du comte devenait singulièrement précaire. Il pouvait, d'un moment à l'autre, être surpris dans sa retraite par une visite domiciliaire et immédiatement arrêté. Il fallait sortir à tout prix de cette impasse Un de ses fermiers lui ayant indiqué un endroit où la rivière était guéable, Arese s'y rendit sans retard. Il monta à califourchon sur les épaules du robuste paysan et traversa le Tessin, se mouillant et se crottant jusqu'à la ceinture.

A peine arrivé sur la rive droite de la rivière, Arese court à la recherche d'une voiture, la

trouve et parcourt d'un trait les cent dix kilomètres qui le séparent de Turin. Grâce à son
énergie, Arese arrive dans cette capitale le
19 mars, assez tard dans la soirée. Il va
immédiatement chez Massimo d'Azeglio qui
s'étonne de le voir entrer dans son cabinet
dans un tel désordre de toilette. Arese lui
explique le but de son voyage et lui raconte
les incidents de sa course rapide de Milan
à Turin, lui démontrant qu'il a absolument besoin d'être immédiatement présenté à
Charles-Albert. D'Azeglio, se rendant parfaitement compte de la gravité des circonstances,
conduit sur le champ son ami chez le comte
Trabucco di Castagneto, secrétaire du Roi, qui
introduit par une porte secrète l'envoyé de la
révolution milanaise dans le cabinet de Charles-
Albert.

Arese parla énergiquement au roi de Sardaigne. Charles-Albert lui déclara aussitôt qu'il
était résolu de déclarer la guerre à l'Autriche.
Le comte sortit plein de joie du palais royal.

Le 20 mars, Arese assista à la revue d'une
brigade qui allait partir pour la frontière. Il eut
une entrevue avec le marquis Pareto, ministre
des affaires étrangères, qui lui confirma les
intentions belliqueuses du gouvernement de

Turin. Il apprit que le comte Henri Martini était parti pour Milan avec les instructions du roi Charles-Albert pour le gouvernement provisoire et, heureux d'avoir bien rempli sa mission, il partit pour Novare.

Arrivé dans cette ville, Arese alla demeurer chez M. François Simonetta qui se préparait à passer le Tessin avec un corps de volontaires. Simonetta avait acheté en Suisse une petite batterie de quatre canons, mais le fournisseur ne voulait la livrer que lorsqu'on lui en enverrait le prix. Or l'argent faisant absolument défaut à Simonetta et à ses amis, ils risquaient d'être privés de leur artillerie. Informé de la chose, Arese signe sans hésiter une traite de soixante mille francs et la passe à la personne qui doit aller prendre les canons à la frontière suisse. Le fournisseur accepte la traite et livre les canons.

Cependant, pressé de rentrer à Milan, François Arese n'attend pas le départ de Novare des volontaires de Simonetta. Il part avec l'avant-garde piémontaise et il entre en ville deux jours après le départ des Autrichiens. Il avait l'intention de suivre l'armée piémontaise dans sa marche sur Vérone, et il avait rejoint depuis peu de jours le corps des volontaires qui se dirigeaient de ce côté, lorsqu'un ordre du comte Pompeo Litta, ministre de la guerre du gouvernement provisoire, le rappela à Milan. Litta informa Arese qu'il était chargé d'une mission diplomatique à Munich et le pressa de venir prendre les instructions du gouvernement.

« Les illusions, à cette époque, politiques, diplomatiques, militaires, étaient très nombreuses, — dit à ce sujet M. Bonfadini —. La grande nouveauté des moyens, des hommes et des méthodes de gouvernement faisait considérer toute résolution prise ou à prendre comme si elle devait être nécessairement féconde en admirables résultats. Du patriotisme désintéressé il y en avait à foison ; mais ce qui n'abondait pas, c'était l'expérience des situations politiques et des idées qui dominaient en Europe.

« Cette invitation si précipitée, adressée à Arese qui était parti avec l'armée des volontaires, se rattachait à une délibération récente du gouvernement provisoire lombard touchant l'envoi d'agents diplomatiques officieux près les gouvernements de l'Europe avec lesquels les rapports pouvaient être plus fréquents et plus importants.

« Le 12 avril, le gouvernement provisoire publiait son premier document diplomatique. C'était un *Manifeste aux nations de l'Europe*, rédigé par M. Achille Mauri. La pièce était longue et éloquente. Elle semblait mieux faite pour prouver la haute valeur littéraire des nouveaux gouvernants de la Lombardie que leur aptitude à parler le langage des chancelleries. Au bas de ce manifeste, on pouvait lire les noms de ceux qui étaient chargés de l'interpréter et de le commenter, des nouveaux diplomates du gouvernement provisoire, Bossi à Londres, Frapolli à Paris, Prinetti à Berne, Restelli à Venise, Jean Morelli, le plus capable et celui qui devait être plus écouté que ses collègues, à Francfort. François Arese était destiné au poste de Munich. On l'envoyait en Bavière parce que la princesse Amélie Beauharnais, veuve de l'ancien vice-roi d'Italie et belle-sœur de la reine Hortense, demeurait à Munich, où elle avait des relations très nombreuses. On estimait à Milan que l'on pouvait compter sur le réveil de quelque vieille sympathie italienne dans ce milieu. Arese eût été certes la personne la mieux indiquée pour seconder ce mouvement des esprits. D'ailleurs, près d'une cour de traditions aussi aristocratiques que celle de Bavière, on ne pouvait envoyer qu'un diplomate issu d'une grande famille, et, parmi les patriciens milanais capables de remplir une semblable mission, Arese était celui qui alliait le mieux les vieilles traditions de la noblesse au libéralisme et au patriotisme le plus ardent » [1].

M. Bonfadini a parfaitement raison lorsqu'il parle des illusions incroyables, du manque d'expérience et d'esprit pratique des hommes du gouvernement provisoire de Milan. Croire, en effet, qu'il suffisait de lancer un manifeste aux nations de l'Europe, écrit avec correction et même avec élégance et rempli de déclamations sur la solidarité et la fraternité des peuples, pour changer l'opinion de la vieille Europe à l'endroit de la révolution italienne, c'était rêver les yeux ouverts. Mais les illusions étaient si fortes en 1848, en Italie, que l'on se persuadait aisément qu'il suffisait de faire des vœux pour l'indépendance nationale pour que l'Europe entière se prononçât en sa faveur.

François Arese partageait la naïveté de ses amis. Aussi accepta-t-il avec empressement la mission qu'on lui confiait. Il se fit adjoindre,

[1] Voy. BONFADINI, *Vita di Francesco Arese*, ch. IV, p. p. 77-78.

en qualité de secrétaire, M. Charles Bellerio, un
de ses vieux amis, un de ses compagnons d'infortune, lors de la conspiration de Bellinzona,
en 1832, et il partit sans retard pour Munich,
où il ne parvint que le 18 avril, après un
voyage non exempt de difficultés.

A peine arrivé dans la capitale de la Bavière,
Arese s'aperçut de la faute que son gouvernement avait commise en l'envoyant plaider la
cause des ennemis de l'Autriche près d'une
cour très dévouée à cette puissance. Au lieu
d'être reçu avec sympathie, il fut l'objet d'une
surveillance très suivie, quelquefois même in-
discrète, de la part de la police. Chaque fois
qu'il essayait de parler d'affaires, il se trouvait
en présence d'une bureaucratie méticuleuse,
multipliant à chaque démarche les difficultés,
mettant tout le soin possible à lui faire perdre
du temps inutilement. Non seulement il lui fut
impossible de faire appel à la bienveillance de
la princesse de Beauharnais, mais il ne put
même pas obtenir la permission de faire une
simple visite de courtoisie à la veuve du prince
Eugène. Aucun membre du gouvernement bavarois ne consentit à le reconnaître comme
envoyé officieux du gouvernement de Milan.

Arese s'empressa de rendre compte de l'insuccès de sa mission. Il ne négligea rien pour éclairer le gouvernement provisoire et détruire ses vaines et dangereuses illusions. Mais la naïveté de ce gouvernement était telle qu'il persista longtemps dans ses rêves.

Et pourtant Arese n'avait pas manqué d'avertir ses amis que jamais la cour de Bavière n'avait été plus dévouée qu'en 1848 aux intérêts de l'Autriche, que le duc Maximilien, cousin du roi, avait voulu se mettre à la tête d'une armée de volontaires pour aller défendre les débouchés du Tyrol contre l'invasion piémontaise, mais que la légation d'Autriche à Munich avait décliné ses offres [1].

Malgré ces mauvaises nouvelles, à Milan on espérait toujours que si la cour et l'aristocratie de Munich se montraient hostiles à la cause italienne, le peuple allemand serait d'un autre avis et forcerait le cabinet de Munich à changer d'attitude. On ne voulait pas comprendre que, si d'un côté la révolution de février, en alarmant tous les princes de l'Europe, devait les rendre de plus en plus hostiles à la révolution italienne, de l'autre les vieux sentiments populaires poussaient les Allemands à combattre les

[1] Protocole de la mission Arese à Munich, 20 avril 1848.

novateurs qui voulaient priver une puissance
allemande de ses possessions italiennes que
tout bon allemand considérait alors comme un
prolongement du territoire national, une sauve-
garde de la sécurité du territoire germanique,
bien qu'elles ne fissent pas partie de la confédération. D'ailleurs, les incursions de volontaires italiens dans le Tyrol méridional, c'est-à-
dire sur un territoire appartenant à la confédération germanique, avaient vivement irrité l'Allemagne. La phrase du général prussien Radowitz,
affirmant que la ligne du Mincio faisait partie
intégrante du système de défense du territoire
germanique, était devenue très populaire en
Allemagne.

Pendant que le gouvernement provisoire de
Milan se berçait de rêves touchant la fraternité
des Allemands et des Italiens et leur action
commune pour fonder l'unité nationale à
l'exclusion de l'Autriche, les dames ba-
varoises ne s'occupaient du matin au soir
que de préparer des bandages et des filasses
pour les blessés de l'armée du maréchal Radetzki. Les étudiants et les artistes de Munich
s'enrôlaient bruyamment dans les corps de
volontaires tyroliens, destinés à combattre
contre les Italiens. La presse allemande, et sur-

tout la *Gazette d'Augsbourg*, parlait avec le
plus grand mépris et la plus profonde malveil-
lance des faits et gestes des révolutionnaires
italiens et ne se montrait guère plus bienveillante à l'égard de Charles-Albert et du Piémont.
L'opinion était tellement hostile aux prétentions
piémontaises que la police de Munich avait eu
toutes les peines du monde à empêcher que la
population de la capitale ne manifestât son
indignation par un charivari sous les fenêtres
du ministre de Sardaigne, qui était pourtant
un homme généralement bien vu et respecté.

François Arese assistait le cœur navré à ce
spectacle si peu fait pour encourager ses espérances patriotiques, mais il ne manquait pas de
faire son devoir en envoyant des rapports dé-
taillés et véridiques au gouvernement de Milan :

« L'envoyé de la République française,
écrivait-il, n'est que toléré ; et celui du gouvernement provisoire de Lombardie se donnera
probablement l'air de n'être ici que pour acheter
des armes et des chevaux ». Il ajoutait qu'il
devait s'attendre à quelque chose de pire que
ce qu'il avait souffert jusqu'alors, et il avertissait son gouvernement qu'il s'était aperçu que
« les plis qui lui étaient adressés étaient ouverts avant de lui être remis ».

On était loin des prévisions optimistes formulées par les patriotes milanais et il fallait chercher à tout prix le moyen d'enrayer l'hostilité croissante de l'Allemagne, et en particulier de la Bavière contre les Italiens. Dans ce but, Arese conseillait au gouvernement de Milan, de relâcher immédiatement les prisonniers de guerre originaires des pays de la confédération germanique. Il désirait que cette mesure fût prise avant la réunion du Parlement allemand à Francfort, se proposant d'aller assister à l'ouverture de cette Assemblée Constituante [1].

Le marquis Anselme Guerrieri-Gonzaga, le ministre des affaires étrangères du gouvernement milanais, répondait par de longues lettres aux rapports d'Arese. Mais si les illusions du gouvernement provisoire étaient grandes, celles du ministre improvisé des affaires étrangères dépassaient toutes les bornes. En vain avait-il lu les rapports pessimistes d'Arese, il persistait quand même dans ses rêves. Le marquis Guerrieri-Gonzaga n'accusait pas Arese de ne pas avoir assez de confiance dans l'étoile de la révolution italienne, mais il écrivait comme si les

[1] On sait que, après des séances orageuses, le Parlément de Francfort fut congédié avant d'avoir pu rien faire de sérieux.

7

avertissements d'Arese eussent été l'œuvre d'un homme de peu de foi. Guerrieri-Gonzaga acceptait les conseils d'Arese touchant les prisonniers allemands. Il approuvait son projet de voyage à Francfort. Mais il ne tenait aucun compte des informations contenues dans les lettres de l'envoyé du gouvernement provisoire à Munich. Le ministre poussait la naïveté jusqu'à recommander à Arese « d'influer sur les étudiants qui représentent toujours ce qu'il y a de plus noble et de plus généreux et qui ne peuvent pas ne pas avoir de sympathie pour notre cause », comme si Arese ne l'avait pas averti d'avance que les étudiants bavarois étaient très animés contre la révolution italienne.

Guerrieri-Gonzaga regrettait vivement l'émotion que « l'occupation de quelques districts du Tyrol italien » avait provoquée en Bavière. Mais il rêvait que « le nouveau Parlement allemand de Francfort dont le but devait être de reconstituer la nationalité allemande et non pas l'empire romain germanique, n'adopterait pas ces opinions ». Le ministre poussait l'ignorance des tendances du peuple allemand, en 1848, jusqu'à croire à la possibilité de la part d'Arese, de donner des conseils au Parlement e Francfort. C'est pourquoi il engageait son

agent à travailler dans le but « de faire insérer
(dans la future constitution allemande) un
article introduisant adroitement les nouveaux
principes qui devront présider au droit public
européen et qui ne peuvent être méconnus par
un pays très cultivé comme l'Allemagne » !

Revenant sur l'affaire des incursions de volontaires italiens dans quelques districts du Tyrol
méridional, le marquis Guerrieri-Gonzaga
oubliait que ce territoire faisait partie de la
confédération germanique et trouvait très simple
de faire déclarer au cabinet de Munich et
aux autres gouvernements confédérés que le
gouvernement provisoire de Milan ne voulait
point s'annexer la moindre parcelle de territoire habité par des populations de langue et
d'origine germanique. On eût dit que le Tyrol
méridional tout entier appartenait *ab antiquo*
au gouvernement de Milan et qu'on devait lui
savoir gré s'il se contentait de Trente et des
autres villes et arrondissements où la population parlait l'italien. En effet, le marquis
Guerrieri-Gonzaga résumait par cette phrase sa
pensée touchant les vues de son gouvernement
sur Trente : « Quant au Tyrol, (le gouvernement provisoire de Milan) n'avait pas même
osé (*sic*) adopter la frontière naturelle des Alpes

pour ne pas offenser la population allemande qui habite sur le versant méridional » ! [1].

Pendant que le marquis Guerrieri-Gonzaga se livrait à ses fantaisies diplomatiques, Arese s'attendait d'heure en heure à être purement et simplement expulsé de Munich. La note du ministre milanais n'était donc destinée qu'à prouver à la postérité les illusions incroyables du gentilhomme qui l'avait dictée. Dès le 27 avril 1848, Arese écrivait à son gouvernement.

« Demain matin, je recevrai de la police l'ordre de partir dans les vingt-quatre heures. Motifs : 1° Que notre gouvernement n'est pas reconnu ; 2° Que notre passeport ne contient pas de signalements ; 3° Que l'antipathie que l'on a ici contre notre cause pourrait provoquer des désordres. »

Arese avait prévu d'avance ce dénoûment. Il avait, en effet, averti ses amis de Milan que « entre les deux extrêmes, d'être reconnu ou d'être renvoyé, il croyait, lui aussi, que la seconde solution était la plus probable. »

Dès qu'Arese et Bellerio reçurent la nouvelle

[1]. Le marquis Anselme Guerrieri-Gonzaga au comte François Arese, Milan 25 avril 1848. Archives de la famille Arese.

officielle de leur expulsion, ils protestèrent vivement, faisant remarquer qu'il y avait à Milan
des sujets bavarois et qu'on pourrait les traiter
comme le gouvernement de Munich voulait
traiter les représentants officieux du gouvernement milanais.

En présence de cette déclaration, la police de
Munich se ravisa et fit savoir à Arese, par l'entremise du comte Ricciardelli, officier italien au
service de la Bavière, qu'il pouvait rester encore quelque temps dans la capitale avec son
secrétaire. Mais les deux diplomates improvisés
estimèrent qu'il était inutile de profiter de cette
offre d'un gouvernement hostile et ils regagnè-
rent Milan au commencement du mois de mai.

Arese ne retrouva plus à Milan la concorde
qui avait favorisé les premiers mouvements
des patriotes pour secouer le joug de l'Autriche.
Au contraire, les esprits étaient profondément
divisés. Les mazziniens luttaient désespéré-
ment contre la noblesse et la riche bourgeoisie,
qui préparaient l'annexion de la Lombardie au
Piémont, et voulaient absolument qu'on pro-
clamât la République. Profondément affligé par
ces luttes intestines, d'autant plus dangereuses
que l'Autriche se préparait au même moment
à reprendre l'offensive, Arese quitta Milan et

partit pour le quartier général de Charles-
Albert. On se battait alors sur le Mincio et les
Piémontais assiégeaient la forteresse de Peschiera dont ils devaient bientôt s'emparer. Mais
la fortune ne tarda guère à trahir le roi de Sardaigne. Battu par le maréchal Radetzki à Custoza (25 juillet 1848), il fut contraint de quitter
non seulement les bords du Mincio, mais la
Lombardie tout entière. Pendant que l'armée
piémontaise se retirait derrière le Tessin, les
factions s'entre-dévoraient plus que jamais à
Milan. En vain Arese et ses amis s'efforcèrent-
ils de soutenir *in-extremis* la cause de la monarchie de Savoie. La démagogie d'un côté, les
partisans de l'Autriche de l'autre, rendirent
vaines toutes ses tentatives et inutiles toutes les
démarches des patriotes les plus éclairés. Bien
plus, lors du passage de Charles-Albert à Milan
(août 1848), le roi fut victime d'un attentat
mazzinien, et peu s'en fallut qu'il ne fût tué
par un coup de fusil tiré d'une fenêtre d'un des
palais de la ville.

Le 6 août 1848, les Autrichiens rentrèrent à
Milan. La veille, Arese avait quitté sa ville
natale pour se réfugier à Gênes.

CHAPITRE IV

Arese était à Gênes depuis quelques mois
lorsque Louis-Napoléon fut nommé Président

de la République française. Il est inutile d'insister sur la joie que lui causa l'élection du 10 décembre. Il en était heureux non seulement comme ami intime du prince, mais aussi, et surtout, parce qu'il comptait sur lui pour favoriser la politique du Piémont et arranger les affaires d'Italie au gré du parti libéral modéré.

Connaissant les rapports qui liaient si étroitement François Arese au nouveau chef de la République française, les ministres démocrates de Charles-Albert songèrent aussitôt à les mettre à contribution. Gioberti, président du Conseil, fit appeler Arese à Turin. Il le chargea d'une double mission à Paris. La mission officielle consistait purement et simplement à féliciter Louis-Napoléon de son élection ; la mission secrète avait pour but de l'engager à aider le Piémont dans la guerre qu'il préparait de nouveau contre l'Autriche, pour prendre la revanche des défaites de 1848. Gioberti se faisait de grandes illusions sur la situation de Louis-Napoléon. Il ne se rendait pas compte que, si grande que fût sa sympathie pour les libéraux italiens, le prince-président avait alors autre chose à faire que de courir sus à l'Autriche et d'alarmer l'opinion en France par une guerre qui pouvait provoquer contre son pays une coalition

de l'Europe monarchique. Il faut cependant
le dire, l'exaltation des esprits était telle alors
à Turin que tout le monde, les modérés aussi
bien que les démocrates, comptaient sur Louis-
Napoléon et demandaient à grands cris la re-
prise des hostilités contre l'Autriche. Encouragé par tous les partis et surtout par les émigrés lombards, ses compagons d'exil, Arese
accepta la mission diplomatique qu'on lui offrait.
Il partit pour Paris, où il arriva le 25 décembre
1848 dans la matinée. Invité à dîner à l'Élysée
le jour même, il fut reçu par Louis-Napoléon
(ce sont ses propres expressions) « à bras ouverts, avec une cordialité expansive, comme on
reçoit un vieil ami »

Que les temps sont changés depuis que les
deux amis s'étaient quittés à New-York en
1837 ! Le prince, flétri et déporté en Amérique,
est devenu le chef de la grande nation française et s'apprête à restaurer l'Empire. Arese,
bien qu'exilé pour la deuxième fois, n'en repré-
sente pas moins à Paris le roi de Sardaigne.
Mais, en réalité, l'un et l'autre avaient gardé
intacts au fond de leur cœur leurs sentiments
d'autrefois, et les vingt ans qui s'étaient écoulés
depuis leur séjour aux États-Unis n'avaient ni
amoindri leur mutuelle affection ni diminué

leur haine contre l'Autriche. Seulement les circonstances n'étaient plus les mêmes, et si Arese pouvait toujours manifester librement ses projets agressifs contre l'empire des Habsbourg, la situation de Louis-Napoléon l'obligeait à compter avec l'opinion française et à garder une prudente réserve, même avec un ami tel que François Arese, et cela d'autant plus que ses ministres ne partageaient guère à cette époque ses propres idées sur le renouvellement de l'Europe. En recevant le comte Arese, le ministre des affaires étrangères, M. Drouyn de Lhuys, s'était bien gardé d'encourager la politique belliqueuse du Piémont. Quant au Président de la République, devant son élection à la réaction conservatrice contre la démagogie de 1848, il ne pouvait tenir à son vieil ami un langage autorisant des espérances que l'Assemblée nationale et le ministère n'approuvaient en aucune façon. Aussi, dans ses fréquentes entrevues avec Arese, s'appliqua-t-il à lui exposer les difficultés de sa situation et l'impossibilité où il se trouvait de faire quoi que ce fût en faveur du Piémont. Cependant Arese, en revenant à Turin, était profondément convaincu que le jour où Louis-Napoléon serait le maître en France et n'aurait plus à rendre compte de ses actes à une Assem-

blée conservatrice, il n'oublierait pas ses engagements de 1837.

Parlant des résultats de cette mission de François Arese, M. Bonfadini, qui écrit après avoir
lu attentivement la correspondance de l'ambassadeur de Charles-Albert, s'exprime ainsi :

« Il (Arese) emporta de son séjour à Paris la
pleine conviction que l'Italie trouverait dans la
future politique de Louis-Napoléon Bonaparte
un appui efficace. Il avait pu constater que le
Président de la République n'avait été contraint
de renoncer à inaugurer, dans les affaires italiennes, une politique plus libérale et plus énergique que par l'attitude insidieuse (*sic*) des
partis parlementaires et par les embarras d'un
régime constitutionnel fondé sur la défiance
vis-à-vis des pouvoirs publics[1]. Il connaissait à
fond et depuis trop longtemps l'opiniâtreté de
son ami dans ses affections et ses idées touchant
le gouvernement , il savait, par les dernières
confidences qu'il en avait reçues et dont il gardait soigneusement le secret, vers quel but il
dirigeait ses efforts en France et au dehors.

[1] M. BONFADINI est un bonapartiste des plus décidés.
Cela explique son langage peu mesuré et injuste à l'endroit de la majorité conservatrice de l'Assemblée nationale de 1848.

C'est pourquoi il pensait que dès qu'il serait parvenu à changer à son gré la constitution de la France, l'attitude de la diplomatie française à l'endroit de l'indépendance italienne ne serait plus incertaine, mais favorable[1]. »

Au reste, même sans les motifs très pressants qui détournaient Louis-Napoléon de toute entreprise immédiate en faveur de la révolution italienne, ce qui se passait au delà des Alpes eût suffi à lui faire ajourner ses projets hostiles à l'Autriche. Le Piémont, poussé par l'impatience des partis, avait déclaré de nouveau la guerre à l'Autriche, et, peu de jours après, le 23 mars 1849, son armée était écrasée à Novare par le maréchal Radetzki. La démagogie avait chassé le grand-duc de Toscane de Florence, où trônaient Guerrazzi et Montanelli. Après l'assassinat de Pellegrino Rossi (15 novembre 1848), Pie IX avait dû se réfugier à Gaëte. La république avait été proclamée à Rome, et l'Assemblée française, pleinement d'accord avec l'opinion, avait contraint Louis-Napoléon à intervenir en chargeant le général Oudinot de rétablir le Pape sur le trône. Le moment eût donc été mal choisi pour changer la politique tra-

---

[1] Voy. BONFADINI, *Vita di Francesco Arese*, ch. v p. 103.

ditionnelle de la France en Italie, et Arese en
était aussi convaincu que Louis-Napoléon. Cependant il était également persuadé que la politique du prince changerait dans un bref délai,
et sa correspondance avec le docteur Conneau
l'entretenait dans ces sentiments. Il est bon, à
ce sujet, de reproduire ici un curieux document
inédit. C'est une lettre du docteur Conneau au
comte Arese, écrite au moment où les troupes
françaises assiégeaient la ville de Rome [1]. L'ami
et le confident de Napoléon III y montre à nu
les vrais sentiments de l'Élysée non seulement
à l'endroit de l'Italie, mais aussi de l'Assemblée
nationale et du parti conservateur français.

« MON CHER AMI,

« J'ai tardé à t'écrire parce que vraiment
j'avais le cœur opprimé. L'Italie, et Rome surtout, me tenaient dans de continuelles angoisses.
Ce siège fait par des Français, quoique j'en
comprisse le but, me tourmentait beaucoup cependant, parce qu'il mettait en conflit deux
peuples si faits pour s'aimer et se défendre. Espérons qu'après la reddition de Rome tout s'ar-
rangera. Je t'assure, mon cher ami, que j'aurais

[1] Le comte Arese était alors en France et habitait
Marseille.

eu plus de plaisir à avoir une autre fois le cho-
léra que de voir les Français et les Italiens aux
prises. Je suis Français parce que les circonstances m'ont fait tel, mais je sens qu'au fond
du cœur, je suis, j'ai été, et je serai toujours
Italien. Plus je vois les choses de près, et plus
je suis dégoûté, plus les hommes me deviennent
antipathiques. Ceux qui vous attaquent, comme
ceux qui vous défendent, sont des hommes d'un
caractère vil (*di vil tempra*). Peut-être les socialistes doivent être considérés comme le parti
le plus à craindre à cause des horribles doctrines
qu'ils professent et de l'avenir terrible qu'ils
préparaient à la France et à l'Europe, s'ils eussent réussi ; mais, d'autre part, je vois si peu
de vertu dans les soi-disant modérés, je vois
tant d'égoïsme, tant d'exagération à vouloir faire
prévaloir leur parti et leurs intérêts que je n'ai
aucune confiance en eux. Parmi tout cet essaim
d'hommes corrompus et égoïstes, je ne vois
qu'un seul homme que j'estime et que j'aime,
et c'est notre prince. Oh ! s'il pouvait, combien
la France et notre Italie seraient changées !
Mais il lui faut traîner à sa suite une foule de
mauvaises gens (*una caterva di gentaccia*) si
encroûtés dans leurs habitudes surannées, que
tout ce qu'il propose de bon trouve un obstacle

insurmontable dans les agents ou est annulé
par l'addition d'une foule de détails et de mesures les plus contradictoires.

« Mon bon ami, combien j'étais plus heureux
en prison qu'à la présidence ! Alors je croyais
les hommes bons et désintéressés, et maintenant
je les vois tels qu'ils sont, vils, égoïstes et lâ-
ches. Tous les amis du prince se ressentent plus
ou moins du sale (*sozzo*) contact des personnes
qui les approchent. J'entends souvent sortir de
certaines bouches des principes et des idées qui
me font frissonner ; si ce n'était par égard pour
le prince, j'aurais pris le parti de quitter
Paris, et de me retirer dans un endroit éloigné,
où je n'aurais pu entendre parler ni de politique
ni d'aucune chose semblable. Mais laissons de
côté un tel sujet. Espérons encore, parce que
si l'esprit des sommités est gangrené, il y a
encore dans la masse de la nation assez d'honneur et de vertu pour nous permettre de ne point
désespérer entièrement de l'avenir.

« M. Peauger, préfet des Bouches-du-Rhône,
est l'ami du prince et le mien. On a dit au
prince qu'il avait eu une conduite fort équivoque
dans les derniers événements. Deux fois on a
parlé très peu favorablement à son sujet au

prince, qui l'a défendu très énergiquement, comme il fait toujours pour ses amis ; mais, en ce temps de vacillation et d'incertitude, après ce que j'ai vu, je suis excusable si je garde quelques doutes sur la fermeté des principes de M. Peauger. Pardonne-moi s'il te semble que je sois devenu sceptique. J'ai vu tant de choses !

« Adieu ; présente mes salutations les plus distinguées et mes respectueux souvenirs à Mme Arese et crois à l'affection et à l'amitié de ton ami très affectionné.

« Dr H. CONNEAU [1].

« Élysée National, le 4 juin 1849. »

Quant on lit cette lettre, on a bien le droit de se demander si la majorité conservatrice de l'Assemblée législative, que M. Conneau couvre d'injures et calomnie sans vergogne, était si mal inspirée dans son opposition contre la politique personnelle d'un prince qui avait pour confident intime un homme qui se vantait d'être plus Italien que Français et dont toutes les aspirations tendaient à bouleverser les traditions séculaires de la politique française.

Le comte Arese qui désirait également l'aban-

---

[1] Voy. BONFADINI, *op. cit.*, ch. v, p. 104-106. La lettre du Docteur Conneau est écrite en italien. J'en donne une traduction très exacte.

don de la politique traditionnelle de la France, était sûr d'avance de trouver dans le docteur Conneau un auxiliaire précieux pour l'aider dans ses démarches auprès de Napoléon III en faveur de la révolution italienne. Aussi Arese ne partageait nullement les rancunes des mazziniens et même de ses amis contre le prince qui avait envoyé le général Oudinot à Rome. Au comte Durini, qui lui conseillait de renvoyer bruyamment la croix de la légion d'honneur qu'il avait reçue de Louis-Napoléon, Arese répondait avec ironie, parce qu'il connaissait les secrètes pensées et les projets du futur empereur.[1]

A la fin de cette année 1849, un deuil cruel frappa le comte Arese, qui habitait alternativement Marseille et Gênes. Dans cette dernière ville, où il s'était installé pour l'hiver, il perdit sa femme le 24 décembre 1849. Ce malheur éloigna pendant quelque temps l'ami de Napoléon III de la politique. Cependant il profita de la première exposition universelle de Londres,

[1] Arese déclarait à son ami qu'il suivrait son conseil « s'il convenait, en vue de l'avantage que l'on peut tirer d'un article de journal à ce sujet, de renoncer à ce que je pourrais peut-être obtenir de l'amitié qui existe toujours entre Louis Bonaparte et moi. » — Arese à Durini, 2 mai 1849. Cf. BONFADINI, *Vita di Francesco Arese*, ch. V, p. 106.

en 1851, pour faire un voyage en Angleterre.
En passant, il s'arrêta à Paris, où il revit le
prince-président.

« Celui-ci, dit M. Bonfadini, s'approchait du
point culminant de ses difficultés politiques et
commençait à se laisser suggérer, par des cour-
tisans et des amis, l'hypothèse d'un violent
changement dans l'organisation de l'Etat[1]. L'hy_
pothèse était déjà tellement discutée, que le
prince Louis ne la cacha point à un ami aussi
ancien et aussi éprouvé. Ils eurent là-dessus
un entretien. Arese se garda de conseiller ou
de détourner le prince. Il s'était imposé, bien
avant ce moment, vis-à-vis du puissant personnage qui lui confiait de terribles secrets, cette
sévère et respectueuse réserve dont il s'écartait
uniquement lorsqu'il avait le désir ou la mission
officielle de plaider la cause de son pays. Devenu
un peu sceptique à l'endroit des méthodes révolutionnaires, il ne pouvait les louer, même
alors qu'elles étaient pratiquées à rebours[2]. »

Arese ne fut donc nullement surpris quand
il apprit la nouvelle du coup d'Etat du 2 décembre 1851. Deux sentiments très divers se par-

[1] *Mémoires sur le second Empire*, par M. de Maupas,
ancien ministre. Paris, Dentu.

[2] Voy. BONFADINI, *op, cit.*, ch. VI, p. 108-109.

tagèrent alors son esprit. D'un côté, il était
heureux de voir son ami placé définitivement à
la tête du gouvernement français, parce qu'il
était convaincu que la cause de la révolution
italienne gagnerait à la restauration prochaine
de l'Empire ; mais, d'autre part, sa droiture
naturelle éprouvait de la répugnance pour l'acte
qui avait violé d'une manière si flagrante les
engagements solennels pris par le prince vis-à-
vis de l'Assemblée législative et de la Constitution. Il regrettait vivement de voir son ami
sortir des voies de la justice et de la légalité
pour assumer la responsabilité d'actes qui pro-
voquaient tant de haines et avaient fait verser
tant de sang.

« Un curieux témoignage de cette lutte qui
agita alors l'esprit du comte Arese, dit M. Bonfadini, nous est donné par la minute d'une lettre qu'il écrivit à Louis-Napoléon après le coup
d'Etat et qui est restée parmi ses papiers. C'est
un feuillet plein de ratures, de phrases profondément modifiées, de changements de pensées ;
tandis que, à l'ordinaire, Arese écrivait avec peu
d'élégance, mais avec force et de premier jet[1]. »

Louis-Napoléon comprit sans peine l'état

[1] Voy. BONFADINI, *op. cit.*, ch. VI, p. 109.

d'esprit de son ami. Pour le rassurer, il lui répondit sans retard :

« MON CHER ARESE,

« Votre lettre m'a fait grand plaisir comme tout ce qui me vient d'un ami comme vous,

« Vous savez que ce que j'ai fait l'a été en vue d'éviter à la France des années de trouble et de lutte. Je suis heureux de penser que mes efforts et ma conduite sont apréciés par les opinions les plus diverses. Fais ce que dois, advienne que pourra.

« Vous savez combien je serai heureux de vous revoir lorsque vous reviendrez à Paris. Le succès ne me fera jamais oublier l'ami des temps de l'infortune, qui traversait la mer pour me porter des consolations.

« Adieu, à revoir,

« Croyez à mon amitié.

« LOUIS-NAPOLÉON [1]. »

Le comte Arese ne put profiter de cette invitation du prince-président que plus tard, à cause de la maladie de son père octogénaire, qui l'obli-

---

[1] Louis-Napoléon à Arese, Elysée, le 16 décembre 1851. Cf. BONFADINI, *Vita di Francesco Arese*, ch. VI, p. 110. Cette lettre était inédite avant la publication de l'ouvrage de M. Bonfadini.

gea à demander un sauf-conduit au maréchal Radetzki pour aller à Milan. Le maréchal accorda avec beaucoup de grâce le sauf-conduit, bien qu'Arese fût exclu de l'amnistie octroyée par l'empereur d'Autriche au lendemain de la bataille de Novare. Cependant Arese n'en profita qu'au dernier moment et ne resta à Milan que le temps nécessaire pour assister à l'agonie, à la mort et à l'enterrement de son père. Le comte Marc Arese mourut le 16 janvier 1852, à l'âge de quatre-vingt-deux ans.

Cette triste coïncidence empêcha François Arese d'aller à Paris avec le général comte Hyacinthe de Collegno, chargé par Victor-Emmanuel de complimenter Louis-Napoléon après le coup d'Etat et de le prier de s'interposer à Rome pour apaiser le conflit naissant entre le Saint-Siège et le gouvernement sarde. Massimo d'Azeglio, alors président du conseil, ne renonça qu'avec regret à la coopération du comte Arese, auquel il avait écrit, le 11 janvier 1852, une curieuse lettre, où on lit les phrases suivantes :

« Ce qui serait à désirer, c'est que la France employât son influence, non pas au sujet de la valeur intrinsèque de chaque question, mais pour démontrer la nécessité, prise dans son ensemble, que Rome ne nous crée point de difficultés qui nous affaiblissent, nous, et rendent nos ennemis plus forts en Italie. Pour cela, le président n'a pas besoin de se casser la tête avec le droit canon, il suffit qu'il parle *droit canon* à la manière de son oncle (! !).

« Ces aigles et ces aiglons, ces Tuileries, ce roi Jérôme qui revient à la surface, ne me plaisent que médiocrement, et il me semble voir toute l'Europe dresser les oreilles si jamais elle parvenait à découvrir des projets un peu trop gros de *courir des aventures*. Je te recommande d'être très réservé ; car, avant de les courir, moi aussi, je voudrais y songer deux fois, et toi aussi. Je dis les mêmes choses à Hyacinthe (Collegno), pour qu'il sache à quoi s'en tenir. Il part demain soir. »

Arese ne pouvant partir pour Paris, le général de Collegno s'acquitta seul de la mission. D'Azeglio fut content du résultat du voyage de Collegno et des assurances qu'il rapporta. Néanmoins il estimait que la présence d'Arese à Paris, vu les rapports intimes qui le liaient au prince Louis-Napoléon, serait toujours utile. Arese, qui était rentré à Gênes après sa course à Milan, quitta cette ville à la fin du mois de février 1852 et se rendit à Turin, où il s'aboucha avec le président du conseil, qui le présenta au roi Victor-Emmanuel. Muni des instructions du roi et de Massimo d'Azeglio, Arese partit pour Paris, où il arriva dans les premiers jours de mars. Il fut reçu à bras ouverts par Louis-Napoléon, qui voulut le loger aux Tuileries et l'avoir fréquemment à sa table. Ils eurent ensemble de nombreux entretiens, dont Arese consignait les détails dans ses rapports à d'Azeglio, lequel se montra très satisfait des dispositions du prince-président à l'égard du Piémont. Lorsque Arese prit congé de Louis-Napoléon, celui-ci lui exprima le désir de le revoir à Paris, le 10 mai, à l'occasion d'une de ces grandes revues militaires où d'Azeglio voyait trop d'aigles et trop d'aiglons. Arese accepta l'invitation, et Louis-Napoléon, en lui serrant la main avant de le quitter, lui dit : « Dites au roi qu'il peut compter sur ma sympathie et sur mon amitié pour lui, et que je serai enchanté de le voir à Paris. Sa visite servirait à resserrer davantage les liens qui nous unissent. Son rôle et le mien sont à peu près les mêmes ; certes, il n'a pas besoin de faire un coup d'Etat, mais, comme je vous dis, nos rôles ont beaucoup d'analogie. »

Arese retourna à Paris pour la fête des aigles,

et les entretiens sur les affaires italiennes recommencèrent entre lui et le prince. Le Dʳ Conneau appuyait de tout son pouvoir la politique italienne de Louis-Napoléon, et, on peut bien le dire, Arese, d'Azeglio et, plus tard, Cavour, n'eurent pas d'apôtre plus convaincu de leur cause que ce confident de Napoléon III, dont le rôle, modeste en apparence, était des plus actifs.

Ce fut, en effet, le docteur Conneau qui paralysa les efforts de la vieille diplomatie française, laquelle cherchait, par tous les moyens, à détourner le prince d'une politique contraire aux intérêts et aux traditions de la France en Italie. Ce fut par l'entremise du docteur Conneau que d'Azeglio et Arese obtinrent le renvoi de Turin du ministre de France, marquis de Butenval, peu favorable aux rêves ambitieux du Piémont. M. de Butenval avait peut-être le tort de manifester trop haut ses sentiments et d'être un peu cassant dans ses rapports avec le cabinet sarde ; mais, enfin, il avait le mérite, aux yeux de la France et du parti conservateur, d'avertir son gouvernement du danger qui résulterait d'une politique de compromissions avec le cabinet de Turin. Eh bien, ce diplomate fut sacrifié aux réclamations de

d'Azeglio et d'Arese, comme on le voit par une
lettre du docteur Conneau, où se lisent les
phrases suivantes :

« J'ai reçu ta lettre et j'ai remis au prince
celle qu'elle contenait pour lui. Je n'avais pas
attendu les informations que tu me donnes
sur la conduite de notre ministre à Turin pour
la faire connaître au prince. Déjà, avant notre
voyage dans le midi de la France, on m'avait
parlé de l'étrange conduite de Butenval et de la
manière, si contraire à ses instructions, dont il
traitait les affaires.

« Aujourd'hui, ta lettre est venue donner le
coup de grâce à ce ministre, et le prince, en la
lisant, m'a dit : « Tout le monde se plaint de
« Butenval, mais il ne restera pas longtemps
» dans ce poste. »

« Tu sais, mon cher Arese, combien le
prince est réservé et combien peu il laisse entrevoir ce qu'il pense. Or, une telle expression,
échappée de sa bouche ou exprimée volontairement, me fait espérer que Butenval sera
promptement rappelé, et je suis heureux de
voir, en cette occasion, que le prince te conserve
toujours la même confiance et aime à se ranger
à ton opinion. Ce sera là, pour le cabinet sarde,
une nouvelle preuve du désir du prince de res-

serrer les anciens et sincères liens d'amitié qui unissent la France et la Sardaigne. Quant à moi, tu ne peux douter du plaisir que j'éprouve en voyant donner à votre gouvernement la satisfaction qu'il méritait... »

En terminant cette même lettre, le docteur Conneau annonce à mots couverts à Arese la prochaine restauration de l'Empire.

« Je voudrais aussi te voir ici, lui dit-il, parce qu'il me semble qu'un tel acte ne devrait pas s'accomplir sans ta présence.

« Tu as vu, comme moi, les jours tristes et tu ne l'as point abandonné (le prince). Nous sommes tous les deux, dans le testament de la bonne reine Hortense, l'objet d'une mention particulière, et tous deux, unis, nous devrions assister au triomphe du fils de celle que nous avons tant aimée [1]... »

Le docteur Conneau ne se trompait pas en promettant que le marquis de Butenval serait bientôt sacrifié aux réclamations du gouvernement de Victor-Emmanuel. Dès le 27 octobre, Massimo d'Azeglio donnait à Arese la nouvelle du rappel du ministre de France à Turin, dans une lettre où il s'écriait :

[1] Le docteur Conneau à Arese, Saint-Cloud, 22 octobre 1852. Cf. BONFADINI, *op. cit.*, pièces justificatives, p. 397-98.

« Je reçois des nouvelles de Paris qui disent
que *tout* est définitivement arrangé, et que,
après un délai accordé pour sauver les conve-
nances, nous serons délivrés de cette nouvelle
plaie d'Egypte. »

Le cabinet de Turin avait désormais la preuve
évidente de l'influence qu'Arese exerçait sur les
décisions de Napoléon III. Il était résolu plus
que jamais à se servir du gentilhomme milanais
pour entraîner l'empereur à intervenir dans les
affaires italiennes.

Un incident grave survint qui permit à Arese
de plaider auprès de son puissant ami la cause
chère à son cœur. Le 6 février 1853, des émissaires de Mazzini commettaient à Milan un
attentat aussi absurde qu'abominable. Malgré
les protestations de la majorité des libéraux
lombards, qui s'étaient efforcés de le détourner
de toute nouvelle conjuration dans un moment
où il n'y avait pas la moindre chance de succès
pour les ennemis de l'Autriche, le sinistre chef
des *carbonari* avait persisté dans ses projets.
Le plan de Mazzini était aussi simple que
criminel. Il consistait à attaquer isolément les
officiers autrichiens dans les rues, et à leur
donner des coups de couteau par derrière, de
manière à les tuer au moment où ils s'y atten-

daient le moins. Mazzini, qui avait soin de compromettre ses amis après les avoir fanatisés, pendant que lui-même se gardait bien de s'exposer au moindre danger et se cachait au-delà de la frontière Suisse ou en Angleterre, Mazzini avait trouvé à Milan deux cents misérables qui avaient accepté le mandat d'accomplir ses vengeances. Le 6 février, les émissaires mazziniens assassinèrent, à Milan, quelques officiers et attaquèrent plusieurs corps de garde, tandis que des désordres de peu d'importance se produisaient dans d'autres villes [1]. La répression fut prompte et facile, d'autant plus que la population condamnait énergiquement cet attentat et que les libéraux modérés le flétrissaient sans réserve. Le gouvernement autrichien avait là une excellente occasion de combattre victorieusement ses pires ennemis en face de l'Europe. Il ne fallait pour cela qu'un peu de modération et de sagesse. Personne ne lui contestait le droit de punir avec la dernière rigueur les

[1] On se demande encore aujourd'hui, en Italie, dans quel but Mazzini se livra à un tel attentat, voué d'avance à un insuccès certain. Evidemment, le chef des *carbonari* voulait contraindre l'Autriche à une repression inexorable afin de la rendre de plus en plus odieuse aux Italiens. Quant à ses amis, qu'il sacrifiait sans scrupules à ses féroces fantaisies, Mazzini ne s'en soucia jamais.

mazziniens coupables et de faire voir à la diplomatie à quelles terribles conséquences pouvaient conduire les sectes qui infestaient l'Italie.
Tout le monde eût donné raison au gouvernement impérial, et le Piémont, dont on connaissait les rapports avec les *carbonari*, eût été
humilié. L'Autriche manqua encore une fois
de sagesse. La peur s'empara des fonctionnaires qui gouvernaient la Lombardie et en-
traîna le cabinet de Vienne à commettre de
grosses fautes dont Mazzini et le Piémont tirèrent des avantages considérables. Au lieu de
punir seulement les coupables, on s'en prit un
peu à tout le monde. Une proclamation du
maréchal Radetzki rendait la ville de Milan
tout entière politiquement et financièrement
responsable de la révolte, à l'exception toutefois des citoyens « notoirement dévoués au
gouvernement », et la *Gazette officielle* publiait
un décret impérial frappant de saisie les propriétés mobilières et immobilières de tous les
émigrés politiques. Le comte Arese était du
nombre. Son riche patrimoine subit les conséquences du décret draconien de l'empereur
d'Autriche; mais il ne s'en affligea point, comprenant combien cette conduite insensée du
cabinet de Vienne était propre à être exploitée aux

Tuileries en faveur de la politique du Piémont.

Trois mois avant l'émeute de Milan, le 4 novembre 1852, Cavour avait remplacé d'Azeglio à la présidence du conseil. Il se hâta de profiter de la faute commise par l'Autriche pour compromettre Napoléon III. Arese fut mandé à Turin le 2 mars 1853. Après de longues conférences avec Cavour, il écrivit une lettre à l'empereur, où on lit ces phrases : » Si je ne suis pas accouru à Paris y plaider ma cause, c'est que je ne veux pas la séparer de celle de mes compagnons de malheur. Votre Majesté approuvera les motifs de ma réserve. Quant aux effets de la mesure autrichienne, j'ose assurer Votre Majesté que je les subirai en homme éprouvé par le malheur, qui depuis longtemps, *et particulièrement lorsqu'il avait le bonheur de s'inspirer de votre amitié et de votre exemple,* a appris à supporter courageusement, quelles qu'elles soient, les chances du sort, et *à faire ce qu'il doit, advienne que pourra*[1]. »

Napoléon III s'empressa de répondre à Arese. La lettre de l'empereur est courte, mais elle a

---

[1] Allusion à la lettre de Napoléon III à Arese, après le coup d'Etat du 2 décembre, publiée plus haut. Arese à Napoléon III, 6 mars 1853. Cf. BONFADINI, *op. cit.*, ch. VI, p. 132-133.

une importance politique qu'on ne saurait mécon_
naître.

Palais des Tuileries, 20 mars 1853.

« Mon cher Arese, vous avez eu raison de songer à moi dans votre nouvelle et triste position. Lorsque le gouvernement sarde invoquera, comme vous me l'annoncez, ma médiation équitable, j'examinerai l'affaire, soyez en persuadé, avec le désir sincère d'amener la situation la plus favorable au Piémont. Ne vous défendez pas d'une prétendue complicité à d'odieux attentats. Je vous connais trop. Ce serait vous faire injure. La pensée ne m'en est jamais venue. Continuez donc, mon cher Arese, à me donner de vos nouvelles et à compter sur ma vieille amitié.

« Napoléon [1]. »

Arese communiqua cette lettre à Cavour. C'était plus que le ministre de Victor-Emmanuel n'en demandait. Sûr désormais de l'appui bienveillant de Napoléon III, il pouvait exploiter sans réserves la faute commise par l'Autriche. Au lieu de demander la médiation de l'empereur, comme Arese l'avait fait entrevoir à Napoléon III dans sa lettre, Cavour fit d'énergiques remontrances à l'Autriche. La note du gouvernement

---

[1] Napoléon III à Arese. Cf. Bonfadini, *op. cit.*, ch. vi, p. 134.

sarde, rédigée avec une grande habileté, demandait la levée du sequestre sur les biens des
émigrés lombards naturalisés sardes. La diplomatie ne put s'empêcher d'admettre la justesse
de cette réclamation. La France et l'Angleterre
l'appuyèrent. L'Autriche la repoussa. La rup-
ture des rapports diplomatiques entre Vienne
et Turin fut la conséquence de ce refus. La politique de Cavour commençait à triompher, grâce
à la maladresse de l'Autriche. Il voulait rompre
tout rapport avec le cabinet autrichien ; mais
il était à la recherche d'un prétexte qui lui per-
mît d'en venir là sans alarmer l'Europe et sans
dévoiler ses secrètes pensées. L'Autriche lui
fournit ce prétexte.

Dans toute cette affaire de séquestre de ses
biens, le comte Arese se conduisit noblement.
J'aurai plus d'une fois l'occasion de le blâmer ;
c'est une raison de plus de rendre hommage à son
désintéressement. Napoléon III, pour lui venir
en aide, lui avait proposé de le faire naturaliser
Français. Arese savait fort bien que cela eût
suffi pour faire lever le séquestre et lui rendre
ses riches revenus ; mais il ne voulut pas séparer son sort de celui de ses compagnons d'infortune, préférant vivre dans la gêne plutôt que
de profiter seul de l'amitié de l'empereur.

CHAPITRE V.

Arese est nommé sénateur du royaume de Sardaigne.
—Il s'établit à Turin et soutient la politique de Cavour
— Le Piémont prend part à la guerre de Crimée. —
Voyage d'Arese à Paris en 1855. — Il est l'hôte de
Napoléon III. — Le Congrès de Paris. — Cavour y
assiste. — Le docteur Conneau devient l'intermédiaire entre Cavour et Napoléon III pendant le Congrès de Paris. — Correspondance échangée entre
Arese, Cavour et le docteur Conneau à cette époque.
—. Promesses de Napoléon III à Cavour pendant le
Congrès de Paris. — Attentats mazziniens dans le
royaume de Naples. — Attentat d'Orsini et Pieri
contre la vie de Napoléon III. — Correspondance
d'Arese avec le docteur Conneau. — L'Impératrice
engage Arese à faire un nouveau voyage à Paris. —
Arese préfère plaider de loin en faveur de la cause
italienne. — Motifs de cette résolution. — Napoléon III subit de plus en plus l'influence d'Arese.

Cavour, enchanté des services que le comte
Arese rendait à sa politique, voulait le faire
nommer député ; mais l'ami de Napoléon III,

peu soucieux de se jeter dans les luttes électo-
rales, refusa les offres du ministre. C'est alors
que le président du Conseil, qui tenait beaucoup
à avoir Arese dans le parlement, le fit nommer
sénateur. Arese accepta, et quittant son séjour
de Gênes, vint s'établir à Turin. Il prit dès lors
une part de plus en plus active à la politique
cavourienne. Voyant sans cesse le premier
ministre, entretenant une correspondance suivie avec le docteur Conneau, il préparait le ter-
rain aux événements futurs. Le salon du comte
Arese à Turin était devenu le rendez-vous des
hommes d'Etat du Piémont, des parlementaires
les plus en vue et un des centres principaux du
parti cavourien.

Arese aida Cavour de ses conseils au moment
où le premier ministre négociait avec la France
et l'Angleterre cette célèbre alliance qui, en
permettant au Piémont de prendre part à la
guerre de Crimée, lui donna l'occasion de
rehausser le prestige de son armée, gravement
atteint par les défaites de Custoza et de Novare,
et ouvrit à Cavour les portes du Congrès de
Paris. Un obstacle s'opposait à l'entrée du
Piémont dans l'alliance franco-anglaise : son
attitude vis-à-vis de l'Autriche dans la question
du séquestre des biens des émigrés. L'Autri-

che était alors en excellents termes avec la France et l'Angleterre dont elle appuyait la politique en Orient, « étonnant le monde par son ingratitude » à l'égard de la Russie, selon le mot historique du prince de Schwartzenberg. Cavour craignait que son alliance avec la France et l'Angleterre ne l'obligeât à battre en retraite vis-à-vis du cabinet de Vienne. De son côté, le général Da Bormida [1], ministre des affaires étrangères, s'était compromis en exigeant, comme condition *sine qua non* de l'alliance, la levée du séquestre. Sous l'influence d'Arese, les émigrés lombards firent savoir à Cavour qu'ils désiraient vivement que le traité fût signé sans aucune condition en faveur de leurs intérêts, voulant avant tout favoriser la politique du Piémont, qui répondait si bien aux espérances et aux vues de tous les patriotes italiens. Dès lors Cavour n'hésita plus. Il signa le traité. Le général Da Bormida quitta le ministère des affaires étrangères et fut remplacé par Cavour lui-

---

[1] Le général piémontais Da Bormida, issu d'une noble famille qui a fourni à la maison de Savoie de nombreux et fidèles serviteurs, est le père du général italien Da Bormida mort héroïquement, le 1er mars 1896, à la bataille d'Abba-Carima, aux environs d'Adoua, à la tête de sa brigade.

même. De son côté, l'Autriche, émue par la nouvelle attitude politique du Piémont, ne devait pas tarder à concéder l'amnistie : mais elle le fit avec une maladresse qui la priva des bénéfices de la mesure.

Mon but n'étant pas de refaire l'histoire des origines de l'unité italienne, mais de parler des rapports intimes de Napoléon III avec Arese et des traits principaux de la vie de ce diplomate, je passe sous silence les événements qui suivirent l'alliance du Piémont avec la France et l'Angleterre. Arese voyait dans cette alliance le point de départ d'une intervention armée du second Empire en Italie en faveur du Piémont. Il n'était cependant pas sans inquiétude à l'endroit des menées des mazziniens, non moins hostiles à Napoléon III qu'à l'Autriche. Il craignait que leurs crimes ne compromissent sérieusement le succès de la politique de Cavour. Vivement ému à la nouvelle de l'attentat du savetier italien Pianori, Arese envoya à l'empereur ses félicitations au sujet du danger auquel il avait échappé. Napoléon III lui répondit aussitôt :

« Tuileries, 25 juin 1855.

« MON CHER ARESE, j'ai été touché de la lettre que vous m'avez écrite au sujet de l'attentat qui a fort heureusement échoué. Il y a si longtemps que je connais votre amitié pour moi que cette nouvelle preuve ne pouvait me surprendre.

« Quoique je ne vous écrive pas souvent, je parle souvent de vous à l'Impératrice, qui désirerait vous connaître.

« J'espère que vous viendrez à l'Exposition universelle et que vous accepterez mon hospitalité aussi cordiale que lorsque nous nous sommes retrouvés en Amérique. Je suis bien préoccupé de la guerre[1], et je désire des succès éclatants, non seulement pour la France, mais pour toute l'Europe.

« *Addio*, mon cher Arese, croyez toujours à ma sincère amitié.

« NAPOLÉON[2]. »

Arese ne pouvait se soustraire à une invitation faite dans des termes si pleins de cordialité. Il avait l'intention de visiter l'Exposition et de profiter de l'hospitalité impériale ; mais comme il tardait à se mettre en route, l'Empereur le pressa par l'entremise de son fidèle docteur Conneau, qui écrivit à l'ami de son maître en ces termes :

[1] La guerre de Crimée.

[2] Napoléon III à Arese. Cf. BONFADINI, *op. cit.*, ch. VII, p. 147.

« Palais de Saint-Cloud, le 25 octobre 1855.

« Mon cher Arese, l'Empereur a reçu ta lettre. Il ne peut pas te répondre et me charge de le faire en son nom. Sa Majesté serait infiniment heureuse de te voir, comme elle te l'a fait savoir lorsqu'elle t'a invité à venir voir l'Exposition. Elle t'avertit qu'il serait nécessaire que tu te misses en route promptement, car l'Exposition va être fermée le 15 du mois prochain. Cherche à correspondre à l'invitation de l'Empereur. Tu sais combien il t'aime et t'estime. Je sais que tu n'as pas besoin de nouvelles preuves de son affection. Néanmoins, ton cœur doit être grandement satisfait en sachant que les grandeurs n'ont altéré en rien l'ancienne amitié. Quant à moi, j'espère que tu me regarderas toujours comme ton vrai et sincère ami. Aussi tu ne peux douter du plaisir que j'éprouverai à te revoir et à t'embrasser. Ma femme est dans son huitième mois, et si ta visite se prolonge de quelques semaines, je pourrai te présenter mon fils.

« Adieu, mon cher et bon ami, aime-moi comme t'aime. Ton ami très affectionné,

« Docteur Conneau[1]. »

[1] Dr Conneau à Arese. Cf. Bonfadini, *op. cit.*, p. 400-401.

Le comte Arese alla à Paris au commencement de novembre. Il fut informé, dès son arrivée, par le docteur Conneau, que l'Empereur lui avait fait préparer des appartements au palais de Saint-Cloud et aux Tuileries. Il déjeunait et dînait fréquemment à la table impériale, et plus d'une fois il y rencontra le général Dufour, qui lui rappelait le temps de l'exil, lorsque l'officier suisse enseignait l'art militaire à Louis-Napoléon et qu'il profitait lui-même de ses leçons.

Ce séjour d'Arese à la cour de Napoléon III ne fit qu'augmenter la confiance que le premier inspirait au second. M. de Cavour profita bientôt de cette circonstance pour faire avancer ses affaires aux Tuileries et battre en brèche la diplomatie autrichienne.

On sait le rôle que Cavour joua, en 1856, au Congrès de Paris, où il se faufila, pour ainsi dire, malgré les démarches de l'Autriche pour l'exclure, et les craintes des ministres anglais, surtout de lord Clarendon, très dévoué au cabinet de Vienne. Napoléon III mit fin à toutes les difficultés, en faisant décider que le représentant du Piémont prendrait part aux travaux du Congrès sans s'engager à ne pas parler de questions étrangères aux affaires d'Orient. C'est

précisément ce que Cavour désirait, lui qui
n'avait combattu la Russie que pour avoir voix
au chapitre dans le Congrès qui devait suivre
les hostilités, et qui n'avait fait le voyage de
Paris que dans le but bien arrêté de provoquer
l'Autriche en soulevant, au sein de la conférence
internationale, la question italienne.

Pendant que Cavour était à Paris, Arese,
demeuré à Turin, l'aidait de ses conseils, d'autant plus précieux qu'il connaissait à fond l'empereur et les gens de son entourage. Une correspondance fréquente mettait Cavour en com-
munication avec l'ami de Napoléon III, devenu
désormais le confident de ses pensées les plus
secrètes. Ce fut Arese qui conseilla à Napoléon III de prendre comme intermédiaire de ses
négociations secrètes avec Cavour le docteur
Conneau, dont la position aux Tuileries, étrangère en apparence à la politique, pouvait le
soustraire aux soupçons de la diplomatie autrichienne. A ce sujet, le docteur Conneau écrivait
à Arese :

« Par ta dernière que j'ai reçue par l'entremise du comte de Cavour, j'ai argué que, dans
ma sphère restreinte, je pouvais être de quelque utilité. Aussi, pour ne faire ni trop ni trop
peu, et surtout pour agir en même temps avec

profit et loyauté, j'ai dit à l'Empereur que tu pensais que je pourrais être un intermédiaire utile entre Sa Majesté et le comte de Cavour en quelques circonstances et que j'en demandais l'autorisation. Elle m'a été immédiatement accordée et j'en ai averti de vive voix le comte. C'est pourquoi, lorsqu'il aura quelque chose d'important à communiquer à Sa Majesté, il pourra le faire par mon entremise. Il peut être certain que, non seulement j'y mettrai la plus grande discrétion, mais aussi le zèle le plus cordial pour obtenir une prompte réponse. Tu sais comment et combien j'aime l'Italie, et tu peux être sûr que je mettrai tout en œuvre pour seconder les désirs et les vues du comte de Cavour. Et la chose ne sera guère malaisée, car l'Empereur lui-même me semble très disposé à faire son possible pour être utile à *notre* chère patrie [1].

Il serait trop long d'analyser la correspondance échangée entre Cavour et Arese pendant le Congrès de Paris. Je me borne à en donner ici les extraits les plus intéressants.

Le 22 février, Cavour, après avoir dit à Arese

[1] Le docteur Conneau à Arese, Palais des Tuileries le 27 février 1856. Cf. BONFADINI, *op. cit.*, chapitre VII, p. 156.

que le docteur Conneau était heureux de jouer
le rôle d'intermédiaire entre l'Empereur et lui,
donne quelques détails d'une entrevue qu'il a
eue avec Napoléon III :

« J'ai dîné hier aux Tuileries ; l'Empereur,
pour faire chose aimable aux alliés, avait invité
seulement les diplomates sardes et anglais, ren-
voyant à dimanche les autrichiens et les russes
qu'il entend mettre ensemble.

« Après dîner, il a été très aimable avec moi.
Il m'a parlé des choses d'Italie, des difficultés
qu'elles présentent et de sa ferme intention
d'en traiter au Congrès. Il ne cache point la
nécessité de *ménager* beaucoup l'Autriche *pour
le quart d'heure*, mais sans cependant reculer
vis-à-vis de la question de l'occupation de la
Romagne. Etant donné l'état de choses, je ne
pouvais espérer de meilleures dispositions de
la part de l'Empereur. Cela m'a fait quelque
peu reprendre cœur. Toutefois, je comprends
qu'il y a loin des paroles aux faits. Mais ce sera
toujours une grande chose si nous parvenons à
faire traiter la question italienne par le Congrès [1]. »

Le 4 mars, après avoir parlé d'une décora-

---

[1] Cavour à Arese, Paris, 22 février 1856. C. Bonfadini, *op. cit.*, ch. vii, p. 153.

tion sarde qui devait être donnée au comte
Lepic, et dont le décret n'arrivait pas de Turin,
et avoir dit malicieusement : « Aux Tuileries,
on ne voit que des rubans verts[1] », Cavour
ajoute :

« La paix est à moité faite. Elle est due à la
fermeté de l'Empereur qui, malgré de mauvais
conseils, est resté fidèle à l'alliance anglaise et
a intimidé les Russes.

« Quant à nos affaires, on n'en a encore rien
dit. On m'a imposé la plus grande discrétion
pendant cette première période des négociations. Quand je pourrai parler, je ne sais ce qui
arrivera. Le diable a voulu que l'Impératrice
désirât le Pape comme parrain de l'enfant qui
doit naître (le prince impérial). Cela a gâté
beaucoup mon plan primitif. J'en ai imaginé
un autre ; mais je ne sais comment il réus-
sira. »

On sait ce qui se passa au Congrès. Cavour
se posa en accusateur public de l'Autriche. Il
n'obtint rien, mais sa conduite lui procura les
sympathies ouvertes de tous les révolutionnaires. Or, comme il avait envoyé les troupes
piémontaises en Crimée dans le seul but de

---

[1] Couleur de l'ordre piémontais, aujourd'hui italien,
des Saints-Maurice et Lazare.

jouer ce rôle au Congrès, il quittait Paris satisfait, d'autant surtout que l'Empereur avait pris
avec lui, en secret, sinon des engagements, au
moins quelque chose qui en approchait. C'est
ce qui faisait écrire à Cavour :

« L'Empereur a toujours été très aimable avec
moi et n'a jamais cessé de me manifester la
plus grande sympathie pour l'Italie. J'ai la
ferme confiance que celle-ci ne demeurera pas
longtemps stérile, et que sous peu le Piémont
et l'Italie en ressentiront la bienfaisante influence [1] »

Cavour ne se trompait pas ; quelques semaines plus tard, une lettre du docteur Conneau
au comte Arese le lui prouvait clairement :

« J'ai vu, disait le docteur Conneau, j'ai vu
avec beaucoup de regret le comte de Cavour
partir sans avoir obtenu du Congrès la moindre
satisfaction. J'espère cependant que les choses
marcheront bientôt vers une solution telle que
nous la désirons. Par tout ce que j'entends et je
vois, j'ai non seulement la certitude du désir de
l'Empereur de faire quelque chose d'efficace
pour l'Italie, mais je vois que sa sympathie
pour le roi est telle que je ne serais point sur-

[1] Cavour à Arese, Paris, le 28 mars 1856. Cf. Bonfadini, *op. cit.*, ch. vii, p. 165.

pris de le voir prendre une de ces résolutions qu'il ne prend jamais sans un très long et mûr examen. Je te dirai à ce propos que l'Impératrice elle-même, avec laquelle il y a souvent un peu plus d'expansion (*sic*), ne dissimule pas ses sympathies pour votre roi. Il y a quelques jours, en parlant de lui, elle disait qu'il était le seul souverain avec lequel elle désirait que son fils contractât une alliance de famille. C'est un événement encore éloigné, mais le seul fait d'y penser prouve quel cas on fait ici du roi et du Piémont. Quant au comte de Cavour, je te dirai qu'ici tout le monde l'estime immensément et qu'il a plu beaucoup et à l'Empereur en particulier. Quant à Buol[1], arrivé ici avec une réputation de parfait *gentleman*, il en est parti odieux à tout le monde, laissant de soi-même une opinion bien mesquine. Je regrette de n'avoir pu être aussi utile au comte de Cavour que je l'eusse désiré. Dis-lui, si tu en as l'occasion, que je suis et serai toujours à sa disposition en tout et pour tout[2]. »

[1] Le comte de Buol, plénipotentiaire autrichien au Congrès de Paris. Il était ministre des affaires étrangères d'Autriche au moment de la déclaration de la guerre d'Italie.

[2] Le docteur Conneau à Arese, palais des Tuileries, le 18 mai 1856. Cf. BONFADINI, *op. cit.*, ch. VII, p. 166.

Quoi qu'il en soit de ces appréciations du docteur Conneau à l'endroit du comte de Buol, les rapports entre le Piémont et l'Autriche avaient été rétablis à la suite du Congrès de Paris, malgré l'attitude agressive que Cavour y avait prise contre le régime autrichien en Italie. C'était un prétexte de moins pour Napoléon III d'intervenir au-delà des Alpes. Mais, en même temps, les sectes créaient de très graves embarras au cabinet de Turin. En 1856, sous l'influence de Mazzini, un soldat napolitain, Agesilao Milano, commettait une tentative d'assassinat sur la personne du roi des Deux-Siciles, Ferdinand II, qui échappa comme par miracle à un coup de baïonnette, au moment où il passait la revue de ses troupes (8 décembre 1856). Presque en même temps, Carlo Pisacane, duc de San Giovanni, et le baron Jean Nicotera, plus tard ministre de l'intérieur du royaume d'Italie[1], louèrent le *Cagliari*, paquebot de la compagnie Rubattino de Gênes, débarquèrent à Sapri, au sud de Salerne, avec trois cents flibustiers et cherchèrent à soulever la population contre les Bourbons. L'entreprise échoua misérablement. Pisacane et plusieurs de sa

[1] Sous le règne de Victor-Emmanuel II, en 1876 et 1877, et sous le règne d'Humbert Ier, en 1891 et 1892.

bande furent tués les armes à la main (30 juin 1857). Nicotera et les autres, traînés devant les tribunaux, furent condamnés à mort par la cour de Salerne, le 19 novembre 1858. Ferdinand II leur fit grâce et commua leur peine en celle des travaux forcés.

Arese était préoccupé comme Cavour de ces événements qui discréditaient le libéralisme italien en Europe et impressionnaient Napoléon III. Aussi, ne se souciant pas d'éveiller les soupçons des hommes politiques de France, qu'il savait de moins en moins disposés en faveur des projets de l'Empereur à l'endroit de l'Italie, il ne voulut pas retourner à Paris en 1857, malgré les invitations réitérées de Napoléon III, de l'Impératrice et les sollicitations pressantes du docteur Conneau. Il estimait qu'il valait mieux traiter les affaires par voie de correspondance que de risquer, par un voyage intempestif, de compromettre la cause qu'il servait.

L'attentat d'Orsini (14 janvier 1858) mit le comble aux inquiétudes d'Arese et de Cavour. « Ce fut un coup de tonnerre, s'écrie M. Bonfadini, qui sembla pendant quelque temps acheminer l'Europe vers des mesures de réaction[1]. L'audace tragique avec laquelle cette

[1] M. Bonfadini exprime ici très clairement les sentiments de Cavour et d'Arese à cette époque.

entreprise funeste avait été imaginée et accom-
plie par Félix Orsini et par le petit nombre de
ses complices, sembla annoncer et faire prévoir
de profondes conspirations contre lesquelles les
polices des gouvernements s'empressèrent de
se prémunir. »

Arèse, au premier moment, avait été plus
embarrassé encore que Cavour. Après l'attentat d'Orsini, il ne savait trop comment concilier ses prédilections pour la révolution italienne
et son amitié très sincère pour Napoléon III.
Il y avait longtemps qu'il n'avait pris le chemin
de Paris, malgré les reproches de son ami
Conneau. Celui-ci, pour le pousser à mettre de
côté toute hésitation, lui avait écrit lettres sur
lettres.

« ... Je te dirai que tu as tort, très grand
tort à mes yeux de te préoccuper de supposi-
tions nullememt probables touchant ton séjour
à Paris. Tu connais assez l'Empereur pour
savoir qu'il ne peut t'attribuer aucune pensée
qui ne soit noble et digne, et puis, par tout ce
que j'ai toujours vu et entendu dire sur ton
compte par l'Empereur, je ne vois rien qui in-
dique qu'un changement quelconque à ton
égard se soit jamais produit. Au surplus, je te
dirai que l'Impératrice se fait une véritable fête

de te revoir. Si donc tu n'as pas d'autres raisons pour ne pas venir à Paris, je te déclare que celles que tu as mises en avant ne sont pas bonnes, qu'elles sont même très mauvaises [1]. »

Malgré ces pressantes invitations et d'autres encore, Arese n'avait pas repris le chemin de Paris, lorsque l'attentat d'Orsini vint mettre le comble à sa consternation. Plus que jamais, il croyait son voyage inopportun, surtout en présence de la réaction qui se manifestait en France contre les sectes italiennes. Dès le 15 janvier, il écrivit à Napoléon III pour lui envoyer ses félicitations et se réjouir qu'il eût échappé aux bombes mazziniennes. Mais il résistait à toute pensée d'aller à Paris, où il craignait d'être dans une fausse position ou de créer des embarras à l'empereur. Le docteur Conneau n'était pas de cet avis et trouvait cette réserve excessive. Pour ôter tout scrupule à Arese, le confident de l'Empereur lui écrivait :

« ... L'Empereur n'avait pas encore reçu ta lettre. J'ai dit à l'Impératrice que tu me chargeais de lui présenter tes hommages. Au début, elle a pensé que tu étais arrivé à Paris et sa

---

[1] Le docteur Conneau à Arese, Saint-Cloud, le 29 mai 1856. Cf. BONFADINI, *Vita di Francesco Arese*, ch. VII, p. 171.

joie a été grande. Mais quand elle a appris par moi le motif qui t'a empêché de venir, elle s'est écriée : « *Mais il y a Italiens et Italiens.* « Heureusement que les mauvais sont rares. « Le brave Arese, je l'aime beaucoup. Dites-lui « que j'espère qu'il viendra passer ici quelques « jours le printemps prochain. Je ne pourrais « pas, il est vrai, lui présenter une potée d'en- « fants comme celle de la Pendule ; mais je lui « en montrerai un échantillon qui ne lui dé- « plaira pas[1]. » Je transcris telles quelles ses paroles pour ne pas en affaiblir le sens[2]... »

Malgré ces instances, Arese ne changea point d'avis. Il estima qu'il rendrait de meilleurs services à la cause italienne en continuant à la plaider par une correspondance suivie avec le docteur Conneau et Napoléon III qu'en éveillant des soupçons parmi les conservateurs français par de longs séjours aux Tuileries ou à Saint-Cloud. Malheureusement, une partie des lettres de Napoléon III à Arese n'a pas été retrouvée dans les papiers du diplomate milanais. On sait

---

[1] L'impératrice fait allusion au prince impérial et à un cadeau que le comte Arese avait fait à Sa Majesté à l'occasion de la naissance du prince.

[2] Le docteur Conneau à Arese, Palais des Tuileries, le 29 janvier 1858. Cf. BONFADINI, *op. cit.*, chap. VII, p. 172.

seulement par les lettres très fréquentes du
docteur Conneau à Arese que Napoléon III
était très impressionné des choses que son ami
lui écrivait ou qu'il exposait au docteur Conneau
pour qu'il les mît sous les yeux de l'Empereur.
C'est ainsi que, dans la lettre du docteur Conneau
du 29 janvier 1858, que j'ai citée tout à l'heure,
on lit cette phrase : « J'ai communiqué à l'Empereur la lettre que tu m'as écrite. Elle a fait
une telle impression sur son esprit qu'il m'a
chargé d'en parler au marquis de Villama-
rina[1]. »

[1] Ministre de Sardaigne à Paris.

CHAPITRE VI

entrée à Naples.— Mécontentement de Napoléon III.
— Sa lettre à Arese sur la politique de Cavour. —
Lettre du docteur Conneau à Arese sur le même
sujet. — Mort du Comte de Cavour.

Les attentats mazziniens préoccupaient d'autant plus Cavour et ses amis qu'ils étaient ac-
compagnés de manifestations hostiles à la monarchie. En effet, au lendemain de la mort de
Carlo Pisacane, duc de San Giovanni, les républicains s'empressaient de publier son testament. Cette pièce avait été laissée à Gênes par
Pisacane, au moment où il s'embarqua pour
prendre le commandement de l'expédition de
Sapri avec le baron Nicotera. On y lisait notamment cette phrase : « Je crois que la domination de la maison d'Autriche et celle de la
maison de Savoie sont la même chose ». Que
penserait Napoléon III des libéraux italiens
si, parmi leurs chefs, plus d'un manifestait des
idées si propres à alarmer non seulement les
monarchies conservatrices de l'Europe, mais
même les hommes les mieux disposés en faveur
de l'indépendance italienne ? Voilà ce qu'on se
demandait dans les salons officiels et officieux
de Turin.

Après l'attentat d'Orsini, le découragement
s'accrut encore, d'autant que cet attentat coïn-

cidait avec les efforts faits par le nouveau gouverneur général des provinces lombardo-vénitiennes pour réconcilier ce pays avec l'Autriche.
Pendant que ce gouverneur général, qui était le
propre frère de l'Empereur François-Joseph,
l'archiduc Ferdinand-Maximilien, le futur et
malheureux Empereur du Mexique, gagnait rapidement les sympathies des Lombards et des
Vénitiens, l'attentat d'Orsini provoquait en
France une violente colère non seulement contre
les sectaires italiens, mais aussi contre le gouvernement sarde qui était accusé de faiblesse ou
de complicité avec ces ennemis de toutes les
dynasties et de l'ordre en général.

J'ai montré tout à l'heure ce que le comte
Arese fit pour paralyser auprès de Napoléon III
les efforts de ceux qui poussaient l'Empereur
à abandonner ses rêves de grandeur en faveur
du Piémont. Il convient de dire ici en quelques
mots quelle fut la conduite de Cavour dans les
circonstances particulièrement difficiles où le
plaçaient les nouvelles entreprises des sectes
italiennes.

Au lendemain de l'attentat d'Orsini, Cavour
comprit que le gouvernement français, où dominait plus que jamais la réaction bonapartiste,
chercherait peut-être à lui imposer des réfor-

mes législatives contraires aux idées libérales qu'il avait soutenues jusqu'alors. Il prit donc ses mesures en conséquence, bien décidé à ne rien faire qui pût lui aliéner les sympathies des libéraux de toutes les régions de l'Italie, sympathies sur lesquelles il comptait pour atteindre le but qu'il poursuivait depuis son avènement au pouvoir. En même temps, en homme pratique et expérimenté, le célèbre ministre de Victor-Emmanuel II ne voulait pas refuser *a priori* toute satisfaction légitime aux réclamations qui pourraient bien venir de Paris. Aussi, dès que les faits qu'il avait prévus se produisirent, Cavour fut en mesure d'agir avec fermeté et sans la moindre crainte, comme un homme qui suit un plan préparé longtemps à l'avance.

Aux insinuations des conseillers de Napoléon III, qui s'efforçaient de faire comprendre, d'un ton presque menaçant, au gouvernement sarde qu'il fallait renoncer à une partie au moins des franchises constitutionnelles, Victor-Emmanuel II et Cavour répondirent par un refus formel. Victor-Emmanuel écrivit une lettre très ferme à Napoléon III, où il lui déclara, à ce sujet, que « la Maison de Savoie connaissait les voies de l'exil, mais ne connaissait pas celles du déshonneur ». Mais lorsqu'on fit remarquer à Cavour que les excès de la presse révolutionnaire du Piémont étaient de nature à troubler les rapports de son pays avec la France, il s'empressa de proposer au parlement la loi contre l'assassinat politique qu'il fit voter, malgré l'opposition des libéraux doctrinaires et de la commission de la chambre des députés qui la combattait avec passion et malgré la vive agitation des sectes. Cavour n'hésita pas à déclarer, en plein parlement, le 16 avril 1858, que ces sectes « aimaient la révolution bien plus que l'Italie »

En même temps, Cavour ne négligea rien pour compromettre une fois de plus Napoléon III dans la politique italienne. Informé par Arese que l'Empereur ne partageait point les sentiments hostiles aux revendications italiennes qui se manifestaient dans son entourage, il continua son travail secret pour entraîner Napoléon III à une action directe en faveur de l'Italie et il y réussit admirablement. En effet, pendant que les ministres de l'Empereur faisaient une politique presque hostile au Piémont, Napoléon III n'hésitait pas à communiquer en secret à Cavour le testament adressé à l'Empereur, sous forme de lettre, par Orsini,

à la veille d'expier son crime sur l'échafaud.
A la grande stupeur de l'Europe, et même des
ministres de Napoléon III, cette pièce ne tarda
pas à être publiée par la *Gazzetta Piémontese*,
journal officiel du royaume de Sardaigne [1]

« Cette publication, si contraire à toutes les
traditions d'une prudente diplomatie, révéla au
monde que Napoléon III, après le danger auquel il avait échappé, n'avait changé ni de
principes, ni d'affections, ni de méthodes. La
lame, soulevée par l'attentat de Félix Orsini,
s'était apaisée et la mer était redevenue calme.
Et la politique anti-autrichienne du cabinet
sarde reprenait, sous la main agile du comte
de Cavour, l'ancienne et énergique souplesse » [2].

Cette politique était aussi favorisée par l'a-
veuglement du cabinet de Vienne. Au lieu d'encourager de tout son pouvoir les efforts de l'archiduc Maximilien à Milan et à Venise, comme
les plus pressants intérêts de l'Autriche le lui
conseillaient, le cabinet de Vienne, toujours
dominé par le parti réactionnaire et centraliste,

---

[1] La dernière lettre d'Orsini à Napoléon III fut publiée par la *Gazzetta Piémontese* un mois et demi à
peine après l'attentat du 14 janvier 1858.

[2] Voy. BONFADINI, *Vita di Francesco Arese*, ch. VII,
p. 170.

contrecarra si bien les nobles projets du frère
de l'Empereur qu'il ne put mettre à effet la
moindre des réformes qu'il avait projetées. Le
gouvernement autrichien finit par rappeler Maximilien, et il prit cette mesure insensée au
moment même où Cavour et les libéraux lombards partisans de l'annexion au Piémont redou-
taient par dessus tout le succès de l'œuvre de
justice et de pacification à laquelle le sage et
excellent archiduc s'était dévoué avec tant de zèle.

Quant à l'orage du 14 janvier 1858, non seulement il ne laissa point de traces dans les rapports entre les cabinets des Tuileries et de Turin, mais il eut pour résultat de précipiter les
événements d'Italie. M. Massari, dans son *Histoire du comte de Cavour*, déclare, en effet,
que Napoléon comprit alors, qu'il dit et qu'il
laissa dire dans le palais même des Tuileries,
que « les attentats ne cesseraient pas à Paris
tant qu'il y aurait des Autrichiens en Italie [1]. »

[1] M. Joseph Massari, libéral, originaire du midi de
l'Italie, était bien placé pour savoir à quoi s'en tenir
à ce sujet. Il avait émigré à Turin après les événements
de Naples, en 1848, auxquels il avait été mêlé et où
il s'était compromis ; Massari était un des familiers du
comte de Cavour, auquel il rendait de fréquents services. Au demeurant, M. Massari était un homme honnête et loyal.

Arese seconda de tout son pouvoir la politique de Cavour pendant cette année 1858 qui fut au fond l'année décisive, destinée à repousser Napoléon III en arrière ou à le compromettre définitivement dans la politique italienne. Tout à coup, au mois de juillet, Cavour partit pour la Suisse, d'où il gagna Plombières. C'est dans cette station thermale qu'il eut, avec Napoléon III, dans la nuit du 20 juillet, la célèbre entrevue d'où sortit la guerre d'Italie. Pour prouver le cas que Cavour faisait de la collaboration du comte Arese dans ses négociations secrètes avec Napoléon III, il me suffira de dire que le ministre de Victor-Emmanuel lui communiqua, en même temps qu'au roi, le rapport du 24 juillet 1858, où il rendait compte des négociations de Plombières.

Cavour ne s'était pas trompé en comptant sur le zèle d'Arese. Celui-ci travailla de tout son pouvoir à paralyser les efforts de la diplomatie européenne et des hommes politiques les plus éclairés de France pour conjurer la guerre. Malgré les incertitudes de la situation et les indices qui semblaient contrecarrer les prévisions de Cavour, Arese était convaincu que Napoléon III ne s'arrêterait pas à mi-chemin. Les paroles menaçantes adressées par l'Empe-

reur, le 1ᵉʳ janvier 1859, au baron de Hübner
enthousiasmèrent Arese. Cependant, malgré sa
confiance, il ne fut pas sans inquiétude lorsqu'il s'aperçut que l'opinion en France était de
plus en plus contraire à la guerre et que l'Angleterre travaillait de tout son pouvoir à l'é-
carter.

Dans le *Journal* de lord Malmesbury, il y a
de nombreuses traces de la réaction qui se produisit en France contre la guerre, au lendemain de l'incident entre Napoléon III et le
baron de Hübner, je n'en citerai ici que quelques extraits, qui prouvent en même temps
l'opiniâtreté avec laquelle l'empereur poursuivit
l'exécution de ses vieux projets de 1831 :

« 12 janvier 1859.

« Grande panique à Paris où la guerre est
très impopulaire. L'Empereur commence à s'a-
larmer en présence des sentiments des Français et de la baisse extraordinaire des fonds
publics, comme aussi à cause de l'impopularité
du mariage du prince Napoléon et de la fille du
roi de Sardaigne. »

« 16 janvier 1859.

« L'Empereur des Français semble résolu,
bien que le pays lui soit fièrement contraire.

« 18 janvier 1859.

« Le maréchal Pélissier m'a dit que les craintes de guerre pouvaient se dire évanouies, parce que la France lui était hostile. »

« 28 janvier 1859.

« Le baron de Malaret dit que le sentiment public contre la guerre est terrible en France et qu'on l'exprime très ouvertement. L'Empereur osera-t-il l'affronter ? »

Et lorsque la guerre est déclarée, lord Malmesbury ajoute :

« 8 mai 1859.

« L'Empereur a été contraint à laisser dans le pays plus de soldats qu'il n'en avait d'abord l'intention, vu l'excitation qui se manifeste à Paris et le mécontentement bien connu qui y existe. Tous ses meilleurs amis l'ont mis en garde contre la direction qu'il donne à sa politique, mais il a été opiniâtrement attaché à la guerre. S'il est battu, il perdra sa couronne. Car sa défaite et celle d'un souverain légitime ne sauraient avoir les mêmes conséquences ?[1] »

[1] Voy. les *Memoirs of an ex-minister*. Earl of Malmesbury, Londres 1884.

Les correspondants parisiens d'Arese lui disaient les mêmes choses. Ils calomniaient les Français en les accusant de détester l'Italie. Ces braves gens confondaient deux choses qui sont essentiellement distinctes : la sympathie que l'on peut avoir pour son voisin et le soin des intérêts de la patrie qui veulent qu'on n'en détruise pas les traditions et qu'on ne se prépare pas des difficultés et des désastres pour l'avenir. Or, si grandes que fussent les sympathies pour l'Italie ressenties en France par toutes les personnes cultivées, elles ne pouvaient avoir le pas sur le sentiment des dangers très réels auxquels la politique aventureuse de l'Empereur exposait le pays. On comprend qu'Arese et les patriotes italiens ne se préoccupassent guère de ces dangers ; mais il faut rendre hommage au sentiment public qui, en France, prévit les graves conséquences de la guerre de 1859, et ne cacha point son opposition aux projets de Napoléon III.

Au sujet de cette hostilité, M. Bonfadini cite le témoignage de l'Impératrice Eugénie elle-même. Plus tard, après la guerre, rappelant le souvenir de cette période orageuse où Napoléon III luttait contre l'opinion presque unanime de la France pour entrer en campagne, l'Impératrice écrivait à Arese : « Je travaille *tant que je puis* à devenir italienne... Ne craignez-vous pas de prouver à l'Europe que le métier de rédempteur est un métier *de sots?*... L'Empereur même a été un instant *contre le sentiment de son propre pays*, et il lui a fallu raviver des sentiments de générosité et de gloire pour faire accepter à ce pays, encore fatigué des dures épreuves par lesquelles il a passé, une lutte dont la reconnaissance était le seul bien à attendre, et dont un revers aurait pu le frapper cruellement... [1] »

Au milieu des difficultés qui l'entouraient, Napoléon III reçut un secours inespéré de l'Autriche elle-même. Le Piémont pouvait s'écrier avec raison : *Salutem ex inimicis nostris*. Repoussant la médiation de l'Angleterre, le cabinet de Vienne se laissa entraîner par le parti militaire à commettre une grande faute. L'*ultimatum* envoyé au roi de Sardaigne le 26 avril 1859, suivi du passage du Tessin par les troupes autrichiennes, le 29 avril, brusqua les événements et permit à Napoléon III d'intervenir. L'Empereur devant débarquer à Gênes,

---

[1] L'impératrice Eugénie à Arese, 26 août 1859. Cf. BONFADINI, *op. cit.*, ch. VIII, p. 185-186.

Cavour chargea Arese de le recevoir au nom
de Victor-Emmanuel et de son gouvernement.
Il est inutile d'insister sur l'émotion que ressentit le vieil ami de Napoléon III en allant à
sa rencontre, au moment où il descendait en
Italie pour réaliser précisément ces plans politiques que les deux personnages avaient discu-
tés, et on peut dire aussi, préparés en exil, à
Arenenberg et à New-York. Ce qu'il importe de
dire, c'est que les premières paroles de Napoléon III à Arese prouvent clairement la maladresse et l'incapacité du cabinet de Vienne :
« Mon cher Arese, s'écria l'Empereur en dé-
barquant à Gênes, nous devons remercier Dieu
d'avoir permis à l'Empereur d'Autriche de
passer le Tessin, car autrement comment aurai-
je pu être ici [1]. »

Arese accompagna le quartier impérial jusqu'à la bataille de Magenta [2] (4 juin 1859). Il

[1] Voy. BONFADINI, *op. cit.*, *Epilogue*, p. 382.
[2] A propos de la bataille de Magenta, M. Bonfadini
raconte une curieuse anecdote que le comte Arese aimait à rappeler. Se trouvant en 1864 à Paris, à un
dîner des Tuileries, l'Empereur le présenta au maréchal
de Mac-Mahon, duc de Magenta. Le maréchal s'écria
aussitôt : « C'est à vous, Monsieur le comte, que je dois
mon titre de duc! » Voyant la surprise d'Arese, il lui
raconta que, ayant passé la nuit du 3 juin 1859 dans

11

entra ensuite avec les alliés à Milan et donna l'hospitalité dans son palais à Cavour. Il quitta ensuite sa ville natale pour rentrer à Gênes et y attendre la fin de la guerre.

Tout à coup, le 12 juillet, Arese fut appelé en toute hâte au quartier général par une dépêche du prince de Carignan ainsi conçue :

« Le Roi appelle le comte Arese au quartier général. Arrivé à Milan, qu'il demande des instructions au gouverneur. Qu'il prenne un train spécial.

« EUGÈNE DE SAVOIE [1]. »

Une dépêche aussi pressante ne permettait pas à Arese d'hésiter. L'ordre du roi était formel et il fallait obéir sans retard. Que s'était-il

---

une ferme de Robecchetto, et ayant entendu le canon le matin à l'aube, il avait demandé aussitôt un guide sûr pour se porter avec ses troupes là où l'on se battait ; qu'on lui avait offert un individu du pays, auquel il demanda qui il était. Il eut pour réponse : « Je suis le régisseur du comte Arese. » — « Ce nom, ajoutait le duc de Magenta, m'enleva tout soupçon ; de telle sorte que, me confiant entièrement à un tel guide, j'arrivai à temps à Magenta pour combattre et décider la victoire. » (Voyez BONFADINI, *Vita di Francesco Arese*, ch. VIII, p. 186-87, en note.)

[1] Le prince de Carignan à Arese, 12 juillet 1859.

passé ? A cause du traité de Villafranca, Cavour, furieux contre Napoléon III qui n'avait pas tenu sa promesse de délivrer l'Italie des Alpes à l'Adriatique, avait eu une scène violente avec Victor-Emmanuel, à la suite de laquelle il avait donné sa démission. Le roi, pris au dépourvu par la résolution soudaine et irrévocable de son premier ministre, voulait charger Arese de la formation du nouveau cabinet.

A cette nouvelle, Arese ne put pas cacher son émotion. Il était profondément troublé à la pensée des redoutables devoirs que Victor-Emmanuel voulait lui imposer, mais il n'avait pas le courage de refuser son concours au roi dans des circonstances aussi critiques. Arese comprenait fort bien le motif pour lequel le roi s'adressait à lui. Il savait que Victor-Emmanuel comptait avant tout sur l'influence que sa vieille amitié pour Napoléon III exerçait sur l'esprit du puissant allié du Piémont pour achever l'entreprise que Cavour venait d'abandonner dans un moment de mauvaise humeur, causée par un découragement que le roi ne croyait pas justifié.

Arese, dit M. Bonfadini, « entrevoyait aussi que ces mêmes considérations pouvaient donner à un ministère formé par lui une signification

qu'il eût été le premier à repousser. Il était bien
et il voulait rester ouvertement l'ami de l'Empereur ; mais, dans aucune période de sa vie et
d'aucune façon, il n'aurait voulu se montrer
orgueilleux de la confiance que lui témoigne-
rait un homme avec lequel son pays pût se
trouver, même momentanément, en désaccord.
Cependant il ne connaissait pas assez les secrets de la politique pour prendre une résolution. Et un haut sentiment de devoir ne lui
permettait pas de se soustraire aveuglément à
un désir de son roi [1]. »

Arese, informé des intentions de Victor-Emmanuel à son égard, partit immédiatement
pour Turin. Il eut une entrevue avec le prince
de Carignan, lieutenant général du royaume
pendant la guerre, et avec les personnages politiques les plus marquants du Piémont. Le prince
lui expliqua la situation très difficile et très
compliquée d'où était sorti le traité de Villafranca et l'encouragea vivement à accepter la
présidence du conseil. Il lui proposa même des
hommes politiques qu'il jugeait utile de faire
entrer dans le nouveau ministère. Mais Arese
redoutait surtout que ce ministère ne fût con-

[1] Voz. BONFADINI, *Vita di Francesco Arese*, ch. VIII,
p. 189.

sidéré en Italie comme trop bienveillant pour Napoléon III. Au surplus, il y avait une autre grosse difficulté. Il fallait formuler un programme qui ne pouvait plus être celui du comte de Cavour mais qui devait s'en écarter le moins possible. Il fallait obtenir de Napoléon III le renvoi du comte Walewski, ministre des affaires étrangères, que l'on regardait à Turin comme peu favorable aux ambitions du Piémont et du parti libéral italien, et cette double tâche ne semblait pas facile à Arese. D'ailleurs, l'ami de Napoléon III n'était pas de taille à jouer un grand rôle politique, comme celui de président du conseil dans un pareil moment. Il ne manquait ni d'intelligence ni de tact, mais il n'avait pas une haute capacité et il s'en rendait parfaitement compte. Son grand mérite a toujours été de ne jamais accepter de situation supérieure à ses moyens. Aussi fut-il très heureux de l'échec de ses négociations pour la formation du nouveau cabinet. Il déclina sans regret le mandat que Victor-Emmanuel lui avait confié et conseilla au roi de s'adresser au général Lamarmora et à M. Rattazzi. Grâce aux efforts d'Arese et de Cavour, le nouveau ministère ne tarda point à entrer en fonctions. Arese promit aux nouveaux conseillers de Victor-Emmanuel tout son appui auprès de Napoléon III, et il donna une preuve de sa loyauté en écrivant à l'Empereur la lettre suivante :

« SIRE,

« Autorisé et encouragé par votre bienveillance, je viens vous dérober quelques instants, et vous parler à cœur ouvert comme aux jours d'Arenenberg et de New-York. D'abord je tiens à être rassuré sur l'état de votre santé après tant de fatigues du corps et de l'esprit, et aussi sur l'état de l'Impératrice, qui a eu sa part par le cœur à toutes les chances de la dernière campagne. Que les loisirs de la paix puissent au moins vous redonner votre vigueur, et faire oublier à l'Impératrice toutes les angoisses qu'elle a endurées.

« Votre Majesté aura appris que j'ai échoué dans la tâche de former un cabinet, dont mon roi m'avait fait l'honneur de me charger. Des difficultés de personne et plus encore les difficultés de la situation et mes antécédents ont rendu impossible la combinaison que j'avais projetée. Je dois à la vérité de vous apprendre que le pays a été péniblement affecté de mon insuccès, car ma présence dans le cabinet paraissait un gage à tout le monde que votre puissant appui était assuré à la cause italienne. Vous voyez, Sire, que ce n'est que votre bienveillance qui me donne une importance politique, dont je ne voudrais nullement s'il ne s'agissait d'une question de vie ou de mort pour ma patrie.

« Croyez en ma franchise, qui vous est depuis longtemps bien connue : Après le premier étonnement, dont tous les esprits ont été frappés à la nouvelle d'une paix si inattendue et qui tronquait de si brillantes espérances, on a fait un retour sur la réalité de la situation et on a compris tout ce que vous avez fait, tout ce que vous pouvez faire encore pour cette malheureuse Italie, qui vous a compté toujours, depuis votre première jeunesse, parmi ses amis les plus sincères et les plus dévoués. Cette opinion, je dois dire ce sentiment, dans lequel l'admiration se mêle à la reconnaissance, est partagé par tous les esprits sages, par tous les patriotes les plus éprouvés aussi bien en Piémont qu'en Lombardie ; et dans ce dernier pays la joie de la délivrance, après tant d'années de la servitude la plus dure, fait éclore la reconnaissance la plus sincère et le dévouement le plus profond à votre auguste personne. Que Votre Majesté daigne tenir compte de tout cela : qu'elle excuse les égarements d'un patriotisme trop chatouilleux, les susceptibilités des espérances déçues et qu'elle continue son œuvre de reconstitution de l'Italie. Si le Congrès va s'ouvrir, ou si l'on a décidé de conclure la paix de quelque autre manière, nous avons la confiance la plus ferme que vous serez, Sire, notre puissant protecteur vis-à-vis de l'Autriche et de l'Europe, et que votre diplomatie nous viendra en aide avec autant de vigueur que votre glorieuse armée. Autant on respecte les motifs qui vous ont conseillé de mettre un temps d'arrêt (*sic*) à votre glorieuse entreprise, autant on croit que vous êtes bien décidé à l'achever par d'autre moyens (*sic*), mais toujours dans l'intérêt de cette Italie, dont la cause, c'est vous, Sire, qui l'avez dit avec tant d'autorité, *est la cause de la justice*. Après avoir osé vous dire tout cela, il n'est pas nécessaire que je vous parle de cette pauvre Venise, dont le sort vous touche si profondément ; mais il me faut, Sire, ajouter un mot sur la Lombardie, qui, si les préliminaires de paix amènent un traité définitif, sera réduite à huit provinces au lieu de neuf, puisque Mantoue restera à l'Autriche, et n'aura plus de ligne militaire défensive, puisque les forteresses de Mantoue et Peschiera appartiendront à l'ennemi perpétuel de l'indépendance italienne. De telle façon on aurait une Lombardie qui ne serait ni celle de la géographie, ni celle de l'histoire, et on briserait le sentiment national dans ce qu'il a de plus vrai et de plus profond. Je vous en adjure, Sire, prenez entre vos mains notre cause et elle triomphera. Vous gagnerez une gloire nouvelle et de nouveaux titres à l'admiration et à la reconnaissance de l'Italie et de la postérité. Pardonnez-moi ce long babil (*sic*), pendant lequel j'ai cru être à me promener avec vous dans le bois de Saint-Cloud.

« Rappelez-moi, je vous en supplie, au bon souvenir de l'Impératrice et permettez-moi, etc.

« F. ARESE [1]. »

En écrivant cette lettre à Napoléon III, le comte Arese avait évidemment un double but. Il voulait d'abord détruire dans l'esprit de l'Empereur l'effet des violentes protestations de la presse avancée contre la paix de Villafranca. Napoléon III était tout simplement accusé de trahison par la gauche et les garibaldiens. On ne tenait aucun compte des services immenses

---

[1] Arese à Napoléon III, juillet 1859. Cf. BONFADINI, *Vita di Francesco Arese*, pièces justificatives, p. 417-419. Cette lettre est écrite en français. Je la reproduis telle quelle, bien qu'elle soit peu correcte.

qu'il avait rendus à la cause de l'indépendance italienne, et on ne se souvenait que de la promesse qu'il avait faite à la légère, sans savoir s'il serait en mesure de la tenir, de rendre l'Italie libre des Alpes à l'Adriatique. Les garibaldiens et les radicaux, qui, au fond, avaient vu d'un fort mauvais œil l'intervention française en Italie, s'étaient empressés de profiter de la paix de Villafranca pour insulter Napoléon III et le représenter comme un ennemi hypocrite de l'Italie.

Arese était vivement préoccupé de la conduite des radicaux et des garibaldiens. Il redoutait surtout que Napoléon III n'en fût sinistrement impressionné et qu'il ne renonçât à sa politique italienne. C'est pourquoi il s'efforçait de rassurer l'Empereur à l'endroit de la reconnaissance des Italiens.

Le second but de l'ami de Napoléon III était de persuader l'Empereur qu'après tout il pouvait faire bon marché des engagements qu'il avait pris à Villafranca avec l'Empereur d'Autriche. Sans doute Arese n'était pas assez naïf pour croire que l'Autriche serait disposée à céder sans une nouvelle guerre la province de Mantoue et les forteresses de Mantoue et de Peschiera ; mais il estimait que, en

mettant en avant de telles prétentions, on pouvait s'en servir pour réclamer le consentement
de l'empereur à d'autres violations du traité de
Villafranca, telles que l'annexion de l'Emilie et
de la Toscane au Piémont. On présenterait à
Napoléon III ces annexions comme une compen-
sation nécessaire et justifiée par la présence des
Autrichiens à Mantoue et à Peschiera.

Le nouveau ministère, dont les têtes étaient
La Marmora et Rattazzi, se servit d'Arese
comme du meilleur et plus utile intermédiaire
entre la cour de Turin et celle des Tuileries.

Il s'agissait, avant tout, comme je viens de le
dire, de n'observer que les clauses du traité de
Villafranca avantageuses au Piémont, et de
poursuivre l'œuvre des annexions de Parme, de
Modène, des Romagnes et de la Toscane, malgré l'esprit et la lettre du traité. Le docteur
Conneau encourageait Arese dans ses espérances ; mais Napoléon III ne savait pas au
juste ce qu'il voulait, ballotté, comme il l'était,
par les courants contraires qui s'agitaient autour
de lui. Un jour, il encourageait les prétentions
du Piémont ; le lendemain, il subissait l'influence de ses ministres qui les repoussaient.
Le gouvernement piémontais, informé de cet
état d'esprit de l'Empereur, envoya en toute

hâte Arese à Saint-Sauveur, dans les Pyrénées, où se trouvait alors Napoléon III, pour lui démontrer que Victor-Emmanuel ne pouvait pas abandonner ses amis des duchés, des Romagnes et de la Toscane qui voulaient l'annexion.

Le docteur Conneau avait conseillé, depuis plus d'une semaine, à Arese de faire une nouvelle visite à l'Empereur. Voici la lettre qu'il lui écrivait, à la fin de juillet, pour l'engager à partir tout de suite :

« Saint-Cloud, le 26 juillet 1859.

« MON CHER ARESE,

« J'ai remis à l'empereur la lettre que tu m'as envoyée pour lui [1] et que j'ai reçue ce matin. L'empereur m'a dit qu'il te répondra. Mais il me semble que les choses sont urgentes. Hier déjà Sa Majesté a reçu ton beau-frère [2] et Malmusi, comme aussi les envoyés toscans Lajatico et Peruzzi. Il a aussi reçu Pallavicini, l'envoyé de la duchesse de Parme. Tous, comme tu le vois,

[1] Probablement la lettre que j'ai publiée ci-dessus.
[2] Le comte Fontanelli, frère de la femme d'Arese, envoyé du gouvernement provisoire de Modène près de Napoléon III. M. Malmusi accompagnait le comte Fontanelli.

accourent vers lui. Pourquoi ne viendrais-
tu pas aussi ? Qu'est-ce qui te le défend ? Peut-
être la crainte de l'ennuyer ? Ne le crains pas.
Tu sais combien l'Empereur t'aime et t'estime
et quelle est l'affection de l'Impératrice pour
toi. Tu feras davantage dans une demi-heure
de conversation amicale (*cicalata*) avec tous les
deux qu'avec vingt pages d'écriture. Viens donc.
Ceci n'est pas seulement mon avis, mais je
trouve nécessaire, urgent, pour le bien de l'Italie, qu'il y ait ici une personne jouissant de la
confiance de l'Empereur et capable de lui faire
connaître loyalement et franchement non seulement les besoins de l'Italie, mais ses aspirations, ses espérances. Tu sauras par Fontanelli
combien ils (*les représentants du gouvernement
de Modène réclamant l'annexion au Piémont*)
ont été contents de l'Empereur. Je ne sais
quelles sont les espérances qu'ils rapportent de
leur entrevue, parce que je ne les ai pas encore
vus après leur réception. Mais ils ont manifesté leurs sentiments à mon beau-père d'une
telle manière que tout me donne l'espoir qu'ils
ont été très contents. Lajatico et Peruzzi n'ont
pas été mécontents, et pourtant ce qu'ils demandaient[1] n'était pas petite chose.

[1] Ils réclamaient l'annexion de la Toscane au Piémont.

« Que ne feras-tu pas avec ta présence, tes sollicitations, en insistant aussi s'il est nécessaire. Ce que peut-être il (*Napoléon III*) ne fera pas pour d'autres, il le fera pour toi son vieil ami.

« Je te dis donc à revoir sous peu et je t'embrasse.

« Ton ami très affectionné

« Dr H. CONNEAU[1] »

Poussé par le docteur Conneau, pressé par le général Lamarmora et par M. Rattazzi, Arese partit de Turin le 28 août et arriva le 30 à Saint-Sauveur.

En arrivant le 29 août à Chambéry, il fut reçu par le préfet qui lui remit une dépêche chiffrée de M. Rattazzi ainsi conçue :

« Après votre départ j'ai reçu du ministre du roi à Londres une dépêche qui me pousse à l'acceptation provisoire[2], à titre de notre droit comme nation indépendante et en vertu du vote légitime des populations. Il dit que l'ambassa-

---

[1] Le docteur Conneau à Arese, Saint-Cloud, 26 juillet 1859. Cf. BONFADINI, *Vita di Francesco Arese*, ch. VIII, pp. 197-198.

[2] Des plébiscites et, par conséquent, des annexions de Parme, Modène, des Romagnes et de la Toscane.

deur de France à Londres (*le duc de Persigny*) est le plus pressant à conseiller secrètement l'acceptation à ces conditions. Il blâme les menaces du ministre des affaires étrangères français et assure que lui seul peut deviner la pensée intime de l'Empereur et qu'elle nous est favorable ; que nous tenons la question dans nos mains et que, l'intention de l'Autriche et du comte Walewski étant de nous effrayer, nous deviendrions, en refusant, le mépris de l'Italie et la risée de l'Europe[1] »

M. Rattazzi, n'ayant aucun intérêt à tromper Arese et étant, au contraire, dans la nécessité absolue de l'éclairer pour qu'il fût en mesure de remplir avantageusement la difficile mission que le gouvernement de Victor-Emmanuel II venait de lui confier, on ne saurait raisonnablement mettre en doute les informations que contient cette dépêche touchant l'attitude du duc de Persigny, ambassadeur de France à Londres. Il résulte de ces informations que pendant que le comte Walewski, ministre des affaires étrangères de Napoléon III, faisait une politique peu favorable aux annexions italiennes, le duc de

---

[1] Rattazzi à Arese, 29 aout 1859. Cf. BONFADINI, *op. cit.* ch. VIII, p. 203.

Persigny en faisait, pour son compte, une toute opposée à Londres, se déclarant le seul déposi-taire du secret de l'Empereur.

Etrange gouvernement, en vérité, que celui du second Empire, où les ambassadeurs com-battent la politique des ministres et où le sou-verain fait souvent en secret une politique con-traire à celle que suivent ouvertement ses ministres. Quand on assiste à un semblable spectacle on ne comprend que trop pourquoi Napoléon III a fini par commettre tant de fautes et par précipiter l'Empire et la France dans le gouffre de 1870.

La dépêche de M. Rattazzi encouragea le comte Arese à se montrer ferme dans ses négociations avec Napoléon III. L'ami de l'Empereur com-prenait, en effet, que la lutte n'était pas égale entre un gouvernement divisé et sans idées précises sur ce qu'il voulait, comme le gouver-nement impérial, et un gouvernement, comme celui de Victor-Emmanuel, qui avait formulé un programme précis et ne voulait pas en sortir sous quelque prétexte que ce fût. Pas n'était besoin d'être un grand homme d'Etat pour prévoir que la victoire finale appartiendrait à celui qui savait ce qu'il faisait et ce qu'il voulait.

A peine arrivé à Saint-Sauveur, Arese alla chez Napoléon III. Il trouva son impérial ami de plus en plus ébranlé dans ses convictions. Il en profita pour lui arracher des demi-promesses en faveur de l'annexion des duchés, des Romagnes et de la Toscane. Après le départ d'Arese de Saint-Sauveur, un nouveau changement de scène se produisit. Une entrevue avec le prince de Metternich, disposa l'Empereur à retirer une bonne partie des promesses qu'il avait faites à Arese. Il est curieux de lire aujourd'hui la lettre où Napoléon III manifestait à son ami ses nouveaux projets :

« Saint-Sauveur, le 5 septembre 1859.

« Mon cher Arese,

« Depuis votre départ, j'ai vu le prince de Metternich. J'ai été très content de sa conversation et je désire en confidence vous en dire le résultat, afin que vous en fassiez part au roi. Cependant, je vous le répète, il faut que cela reste encore à l'état très confidentiel.

« Je crois que si la Toscane rappelait le grand-duc, on pourrait réunir Parme et Plaisance au Piémont, mettre la duchesse de Parme à Modène et obtenir pour les Vénitiens une administration italienne, une *armée* italienne et un Conseil provincial. Les Autrichiens seraient donc, par la suite, relégués de l'autre côté des Alpes. De tels avantages méritent, certes, qu'on les examine, c'est pourquoi j'avais écrit au roi pour qu'il fût très prudent dans son langage vis-à-vis la députation toscane. J'ai vu aujourd'hui la députation de Modène. Je leur ai parlé dans le même sens. J'espère qu'en fin de compte, la paix de Villafranca aura affranchi l'Italie. C'est le plus cher de mes vœux. Je fais un article pour le *Moniteur* qui expliquera, j'espère, clairement, les motifs de ma conduite.

« Recevez, mon cher Arese, l'assurance de ma vieille et sincère amitié.

« NAPOLÉON [1]. »

Arese se garda bien de montrer cette lettre à Victor-Emmanel et à ses ministres. Il se contenta de résumer les parties des déclarations que l'Empereur lui avait faites à Saint-Sauveur, qui étaient de nature à les encourager à aller de l'avant, bien qu'avec prudence. Mais les libéraux, qui n'étaient pas dans le secret de l'imbroglio, s'impatientaient, redoublaient leurs

[1] Napoléon III à Arese. Cf. BONFADINI, *op. cit.*, ch III, p. 199.

manifestations, et les plus avancés, les garibaldiens et les mazziniens, ne se faisaient pas
faute d'insulter Napoléon III et de l'accuser de
trahir l'Italie. Informé par la police secrète
qu'il entretenait dans la Péninsule de ces menées, l'Empereur s'en plaignit à Arese par les
deux billets suivants :

« Biarritz, le 3 octobre 1859.

« MON CHER ARESE,

« J'ai reçu les lettres originales que vous
m'avez envoyées.

« Je vous écris aujourd'hui pour vous communiquer un des nombreux rapports que je
reçois d'Italie et qui, tous, dénotent le manque
de fermeté du gouvernement piémontais. On
ne régénère pas un peuple avec des lampions
et des fleurs ; il faut de la fermeté et de la justice. Comment expliquer que le gouvernement,
qui est si patient lorsqu'on insulte la France
et son chef, se montre si décidé en Savoie
contre la presse lorsqu'elle demande l'annexion
à la France. Je vous prie de faire des recom-
mandations sérieuses auprès du ministère.

« J'écrirai bientôt au roi au sujet des grandes

affaires qu'il faut bien terminer. Croyez à ma
sincère amitié.

« NAPOLÉON [1] »

« Biarritz, le 4 octobre 1859.

« MON CHER ARESE,

« Je vous écris de nouveau aujourd'hui pour
vous communiquer une nouvelle note que je
reçois de Milan. Je vois avec peine, je vous le
répète, l'incurie du gouvernement sarde, car
cela doit amener nécessairement un refroidis-
sement entre nous, et je vous le dis *sans outre-
cuidance*, mais il n'y a que *moi seul* ici qui suis
dévoué à la cause italienne.

« Le gouvernement sarde ne peut pas arguer
d'impuissance vis-à-vis de la presse, puisque
en Savoie il sait très bien supprimer les articles
ou les journaux qui ne lui conviennent pas.

« Il est triste de penser que, pendant que je
lutte ici tous les jours en faveur du Piémont,
on me laisse outrager de toutes les manières de
l'autre côté des Alpes.

« Agréez, mon cher Arese, etc., etc.

« NAPOLÉON [2] »

[1] Napoléon III à Arese. Cf. BONFADINI, *op. cit.*, ch.
IX. p. 208. L'original de cette pièce est conservé à la
bibliothèque de Brera, à Milan.
[2] Napoléon III à Arese. Cf. BONFADINI, *op. cit.*,
ch. IX, p. 208-209.

Arese écrivit aussitôt à Napoléon III pour le calmer. Il informa en même temps le gouvernement sarde des lettres de l'Empereur en concluant qu'avec la cession de la Savoie on obtiendrait à peu près tout ce qu'on voudrait, en Toscane, dans les Romagnes et les duchés. Cependant le ministère La Marmora-Rattazzi n'avait pu se soutenir. Le 20 janvier 1860, Cavour avait été rappelé aux affaires. Il avait le projet de chercher en Angleterre un appui pour les prétentions du Piémont ; mais il ne voulait pas se brouiller avec Napoléon III. C'est pourquoi il chargea Arese d'une mission confidentielle à Paris. Il devait offrir la cession de la Savoie et même de l'arrondissement de Nice, à la condition que l'Empereur ne s'opposât pas aux annexions poursuivies par Victor-Emmanuel.

Arese s'acquitta fort bien de sa mission. Ne faisant point l'histoire diplomatique de cette époque, je m'abstiendrai de le suivre dans ces négociations compliquées, où on acceptait un jour ce qu'on refusait le lendemain. Au fond, ce fut le comte de Cavour qui mena Napoléon III là où peut-être il ne voulait pas aller. Bien qu'admirateur très déclaré du célèbre ministre de Victor-Emmanuel, le biographe de François

Arese ne peut s'empêcher de déplorer le manque de droiture de la politique cavourienne.

« Certes, s'écrie M. Romualdo Bonfadini,
certes, notre conscience d'historien ne nous
permet point d'affirmer que, dans toute cette
période de la politique italienne, la loyauté ait
été la marque caractéristique des hommes publics. Les projets s'entrecroisaient dans les
notes et les dépêches, tandis que chacun avait
au fond du cœur une pensée toute différente.
Lorsqu'on acceptait une proposition, c'était
avec le secret dessein de la combattre dans l'ap-
plication. Quand on la repoussait, c'était avec
l'intime conviction qu'on l'accepterait plus tard.
La transaction n'avait, dès lors, qu'un seul point
obscur, celui du prix qui devait correspondre
aux concessions qu'on ferait, et la lutte était
engagée entre celui (Napoléon III) qui demandait davantage et celui (Cavour) qui voulait
donner le moins possible. » [1]

Il est juste de reconnaître que le caractère
naturellement droit du comte Arese se révol-
tait de temps en temps contre la duplicité de la
politique qu'il servait. Il lui répugnait d'écrire
des notes diplomatiques qu'il savait d'avance

[1] Voy. BONFADINI, *Vita di Francesco Arese*, ch. IX,
p. 215.

vouées à être aussitôt démenties par les actes
du cabinet de Turin. C'est pourquoi il se déclarait
incompétent à rédiger de pareilles pièces, et il
disait, en plaisantant, à Cavour : « En fait de
notes, je n'ai jamais rédigé, dans le temps, que
celles de ma blanchisseuse. »

La mission d'Arese à Paris se termina par la
transaction qui cédait Nice et la Savoie à la
France, et permettait au Piémont d'annexer les
duchés, les Légations et la Toscane. Au moment où Arese quittait Paris pour aller se re-
poser à Évian, Garibaldi, secrètement soutenu
par Cavour, entreprenait sa célèbre expédition
de Sicile, et l'Angleterre l'appuyait moralement
et matériellement. Arese se garda bien d'en
parler à l'Empereur. Cependant, le 15 août
approchait et il ne pouvait se dispenser d'envoyer ses félicitations à son puissant ami. Nous
n'avons pas la lettre d'Arese et nous ne pouvons
pas savoir, par conséquent, si la politique s'y
mêlait à ses vœux. La réponse impériale indi-
que bien les craintes et le mécontentement de
Napoléon III.

« Saint-Cloud, le 30 août 1860.

« Mon cher Arese,

« Je n'ai pas répondu plus tôt à vos souhaits
pour le 15 août parce que j'ai été, comme tou-

jours, fort occupé ; et cependant, avant d'entre-
prendre un grand voyage [1], je tiens à vous
remercier de toutes les preuves d'amitié que
vous me donnez. Je suis navré de la conduite
de votre gouvernement vis-à-vis de Naples,
car on est toujours très sensible aux fautes de
ses amis ; mais réellement aucun honnête homme ne peut approuver une politique qui a tous
les caractères de la faiblesse, c'est-à-dire de la
ruse et de la duplicité. Et puis où cela vous
conduira-t-il ? A un autre Novare ?

« Adieu, mon cher Arese, croyez toujours à
ma sincère amitié.

« NAPOLÉON. [2] »

Néanmoins, les événements suivirent leur
cours, et le comte Arese dut y rendre de nouveaux et grands services à la politique de
Victor-Emmanuel, puisque le roi voulut l'avoir
à ses côtés, au mois d'octobre, lors de son
entrée solennelle à Naples.

Napoléon III, ému des protestations des
catholiques, des brochures retentissantes de

---

[1] L'empereur allait partir pour l'Algérie, en passant
par la Savoie.

[2] Napoléon III à Arese. Cf. BONFADINI, *op. cit.*, ch. IX,
p. 267.

Mgr Dupanloup et du mécontentement de sa cour elle-même, s'abstint tout d'abord de reconnaître les faits accomplis en Italie. Le docteur Conneau informait Arese de ce qui se passait dans l'entourage de l'Empereur. Au moment où l'ami de son maître allait à Naples, il lui écrivit une lettre digne d'être signalée à l'attention de ceux qui aiment à connaître les dessous de la politique impériale à cette époque :

Paris, le 6 octobre 1860.

« Mon cher Ami,

« Je regrette de devoir te dire que l'Empereur ne croit pas pouvoir donner l'autorisation que tu désires pour faire réparer la frégate sarde dans les docks de Toulon. A ce propos, il m'a dit qu'il était peu satisfait de ce que le gouvernement piémontais fait et va faire en Italie. Cela pouvait être fait; mais il fallait attendre que les événements fournissent un motif suffisant et raisonnable d'agir. En outre, l'Empereur se plaint que le ministère sarde dise et répande le bruit que tout ce que l'on fait est fait d'accord avec lui, sinon avec son consentement, ce qui le met dans la dure nécessité, pour démontrer le contraire, d'agir vis-à-vis de la

Sardaigne. Comme tu le vois, il est contraint à agir, non seulement en n'accordant pas une chose aussi simple que celle que tu demandes, mais en se montrant, aussi, disposé à intervenir en cas de nécessité. Tout ce que je viens de te dire, il ne m'a pas chargé de te le communiquer. Ç'a été le sujet d'un entretien entre lui et moi, où il a épanché ses sentiments. Cependant je t'en rends compte pour ton gouvernement. Moi aussi qui désire surtout le triomphe de la cause italienne et qui, dans ces derniers jours, ai lutté pour soutenir ce qui se faisait en Italie, à tel point qu'on ne me donne plus à la cour que les surnoms de Garibaldi et de Bertani, j'ai trouvé que le motif pour entrer dans l'Ombrie et dans les Marches, et surtout dans le royaume de Naples, n'était pas de mon goût. Pourvu qu'il ne naisse de tout cela rien de nuisible à la cause italienne, voilà ce qu'il importe. La cause est bonne. Le prétexte pour la défendre a peut-être été mauvais, mais le but justifie (*ligittima*) le moyen. A Dieu, crois-moi toujours.

« Ton très affectionné,
« Dr CONNEAU[1]. »

[1] Le docteur Conneau à Arese. Cf. BONFADINI, *op. cit.*, ch IX, p. 269, en note.

On voit par cette lettre que Napoléon III n'était préoccupé que des protestations de la diplomatie et de l'opinion française contre les entreprises de la maison de Savoie en Italie ; mais qu'au fond, il ne se souciait nullement d'agir d'une manière énergique, à moins que Cavour ne le compromît trop en proclamant l'entente cordiale entre Paris et Turin. Pour le moment, l'astucieux ministre de Victor-Emmanuel n'en demandait pas davantage. Au surplus, la lettre du docteur Conneau à Arese l'avertissait que, même après les événements d'Ancône et de Naples, il avait, auprès de l'Empereur, un ami sûr et influent sur lequel il pouvait toujours compter.

Arese continua d'entretenir une correspondance suivie avec le docteur Conneau, qui l'informait très fréquemment de ce que l'Empereur disait et pensait des affaires italiennes, et lui donnait des conseils sur le meilleur moyen de vaincre les résistances que la politique italienne pouvait rencontrer aux Tuileries. Les choses en étaient là lorsque Cavour mourut, après une courte mais violente maladie, le 6 juin 1861.

CHAPITRE VII

léon III touchant la question romaine. — M. Drouyn
de Lhuys donne des conseils de prudence à Arese.
— Arese est convaincu que Napoléon III n'est plus à
la hauteur de sa mission.

Le baron Bettino Ricasoli succéda à Cavour,
comme président du conseil. Issu d'une grande
famille de Toscane, homme de talent, d'un
caractère énergique, Ricasoli n'était pas *per-
sona grata* aux Tuileries, où l'on n'avait pas
oublié l'opposition violente qu'il avait faite à
la candidature du prince de Napoléon au trône
de Toscane. Il fallait cependant désarmer la
méfiance de Napoléon III, et personne ne
pouvait s'acquitter mieux de cette mission que
le comte Arese.

L'Empereur, ayant fait entendre à Turin que
pour donner une preuve de son affection pour
l'Italie, au moment où elle perdait le plus grand
de ses hommes d'Etat, il était disposé à reconnaître les faits accomplis, le roi et Ricasoli char-
gèrent Arese d'annoncer officiellement à Napoléon III la constitution du royaume d'Italie,
en qualité d'ambassadeur extraordinaire de
Victor-Emmanuel. Arese n'aimait pas les missions décoratives. Aussi n'accepta-t-il qu'après
s'être mis d'accord avec Ricasoli sur les négociations qu'il devait entamer à Paris au sujet de

l'annexion de Rome et de la Vénétie. Victor-Emmanuel remit à Arese une lettre autographe pour l'Empereur. Le roi y manifestait ses vœux ardents pour « le bonheur de Sa Majesté et de sa maison impériale et pour la prospérité de la France ».

Cependant une légère indisposition ayant obligé Arese à retarder son départ, on ne fut pas sans inquiétude aux Tuileries. Le comte Vimercati envoyait dès le 24 juin à Ricasoli cette dépêche : « Pressez le départ d'Arese, après quoi l'Empereur enverra une lettre autographe très aimable au roi. » Le lendemain, nouvelle dépêche de Vimercati, disant : « Arese est attendu avec empressement par Sa Majesté l'Empereur et même par l'Impératrice. Sa venue ici fera grand bien[1] ».

De son côté, le docteur Conneau ne désirait pas moins l'arrivée de son ami à Paris. Il lui écrivit le billet suivant :

« Palais du Corps législatif, le 24 juin 1861.

« Mon cher Arese,

« J'ai reçu ta chère lettre, et je t'ai envoyé aussitôt une dépêche pour te dire que non seule-

[1] Les originaux de ces dépêches sont conservés aux archives de Turin.

ment ton voyage à Paris est utile, mais qu'il est nécessaire. Personne mieux que toi ne pourra faire accepter à une personne que je ne nommerai pas, mais qui n'est pas l'Empereur[1], la reconnaissance du royaume d'Italie. Je ne te dirai pas tout ce que j'ai dans le cœur, parce que j'aurais trop à dire ; mais je t'assure que toi seul tu peux faire quelque bien. Sois convaincu que tu seras personnellement bien reçu et que tu pourras dire bien des choses qu'il ne serait ni loisible ni permis à d'autres de dire. Tu es aimé par qui[2] nous déteste. Tu dois en savoir assez pour ne pas avoir besoin que j'insiste sur ce sujet. A Dieu donc, aide-moi et crois à ma sincère amitié.

« Dr CONNEAU[3] »

Arese ne tarda pas à quitter Turin. Il arriva à Paris le 30 juin, fort impressionné du langage plus que vif de son ami Conneau à l'endroit de l'Impératrice. Il eut une conférence avec M. Thouvenel, ministre des affaires étrangères, et fut reçu le 2 juillet par l'Empereur au château

[1,2] L'impératrice Eugénie.
[3] Conneau à Arese. Cf. BONFADINI, *Vita di F. Arese,* ch. x, p. 274.

de Fontainebleau. Bien que se souvenant, en voyant Arese à sa cour, des années de l'exil et de leur vieille amitié, l'Empereur ne put se résigner à accepter le programme de Ricasoli, malgré les instantes prières de l'ambassadeur de Victor-Emmanuel. Il se plaignit de la précipitation avec laquelle Ricasoli voulait résoudre la question romaine. Il déclara qu'il,ne pouvait abandonner le Pape, dont il avait pris la défense depuis douze ans : « Je croirais, ajouta-t-il, manquer à l'honneur si j'agissais de la sorte. »

« L'Empereur, écrit Arese, me répéta qu'il serait très heureux de pouvoir rappeler ses troupes (de Rome) : « Trouvez-moi, me dit-il, quel-« que moyen honorable d'en sortir, et je vous « laisse libres d'agir, sous votre entière respon-« sabilité, selon vos intérêts. Mais je ne puis « rappeler mes troupes sans que la sécurité du « Pape soit garantie, et que, par conséquent, « vous soyez d'accord avec la cour de Rome. « Or, tant que le Pape actuel vit, tout espoir de « pouvoir même ouvrir des pourparlers est « vain. » L'Empereur ajouta qu'il était prêt à combiner ses efforts avec les nôtres pour obte· nir, dans l'éventualité d'un conclave, l'élection d'un Pape libéral. Il approuve le choix de San-

13

tucci, mais il doute que celui-ci, une fois élu, accepte le projet du P. Passaglia[1] et de M. Panleoni[2], et renonce absolument au pouvoir temporel. Que si le nouveau Pape était absolument réactionnaire (*affatto retrivo*), l'Empereur, n'étant pas lié avec lui par tant de motifs de déférence[3], rappellerait ses troupes[4]. »

*Napoléon III n'épargna point ses conseils à Arese touchant la politique générale. Se plaignant du dernier discours de Ricasoli, il s'écria : « Lorsque vous étiez un Etat de quatrième ordre, personne ne faisait attention aux discours imprudents de vos ministres. L'exagération de l'audace peut être une vertu chez les faibles. Mais à présent que, sans être encore une grande puissance, vous êtes devenus un grand Etat, vous devez apprendre le langage modéré et convenable dont se servent en public les hommes d'Etat européens.

---

[1] Ancien Jésuite et célèbre théologien, Passaglia avait quitté Rome et était professeur à l'université de Turin.

[2] Jurisconsulte romain, mort sénateur du royaume d'Italie.

[3] Il se souvenait sans doute des grands services que Pie IX lui avait rendus à Spolète en 1831, dont j'ai parlé plus haut.

[4] Arese à Ricasoli ; Paris, 3 juillet 1861. Cf. BONFADINI, *op. cit.*, ch. X. p. 282.

Menacer sans être forts, c'est le calcul le plus fallacieux. Compromettre ses amis, c'est le vrai moyen de n'en avoir aucun [1]. »

Arese eut d'autres entrevues, entre le 1er et le 5 juillet, avec Napoléon III et M. Thouvenel. Il en rend compte au baron Ricasoli dans une série de notes et de dépêches. Ce qu'il y a de curieux, c'est l'accueil ironique que Ricasoli fit à une proposition de Napoléon III, touchant la restitution des biens des Bourbons de Naples, confisqués par un décret dictatorial de Garibaldi au lendemain de son entrée dans cette capitale. Ricasoli, au fond, déplorait le décret de Garibaldi; mais il n'osait pas proposer au Parlement de l'abroger, de peur de soulever les colères des garibaldiens et des députés napolitains et siciliens, qui étaient les ennemis les plus acharnés des Bourbons. D'ailleurs, Ricasoli trouvait pour le moins étrange que Napoléon III se montrât froissé du décret de Garibaldi, oubliant qu'il avait le premier donné l'exemple de la confiscation par le fameux décret du 22 janvier 1852 frappant les biens des princes d'Orléans. Le ministre de Victor-Emmanuel

---

[1] Arese à Ricasoli; Paris, 3 juillet 1861. Cf. BONFADINI, *op. cit.*, ch. x, p. 283.

se tira d'affaire en disant à Arese : « A-t-on oublié les exemples des dynasties françaises déchues ? » Ricasoli avait l'air de dire que, même si on leur rendait leurs biens, elles ne renonceraient pas à leurs droits; mais il est facile de voir, à travers ce raisonnement diplomatique, une allusion aux décrets de 1852. Napoléon III n'insista pas sur sa proposition. Elle était parfaitement juste, mais que ne commençait-il par l'appliquer lui-même aux biens qu'il avait confisqués?

L'Empereur partit pour Vichy le 6 juillet 1861. Arese quitta Paris le 11. « Cette fois encore, dit M. Bonfadini, sa mission avait comme résultat de laisser entre le cabinet de Paris et celui de Turin une plus grande conformité de vues et moins d'équivoques. Au demeurant, il avait obtenu qu'on envoyât, comme représentant de la France à Turin, un homme qui, étant à moitié italien, comme tous les Corses, n'apportait dans l'examen des questions diplomatiques aucune aigreur causée par des préventions politiques[1]. M. Benedetti, de même que Pietri et Baciocchi, appartenait à ce groupe

---

[1] Il ne faut pas oublier que, dans ses appréciations, M. Bonfadini parle au point de vue italien.

d'hommes qui étaient plus dévoués à la tradition napoléonnienne qu'à l'ancien préjugé français antiunitaire. On pouvait être sûr qu'une
politique hostile à l'Italie n'aurait jamais ses
sympathies. Et, en effet, à peine était-il nommé, qu'il écrivait à Arese : « Je tiens à vous
« dire, dès à présent, que je compte user de la
« permission que vous avez bien voulu me
« donner, et vous demander vos bons avis et
« votre assistance pour m'aider à remplir une
« tâche qui répond à tous mes goûts, mais
« que je redoute. »

« On n'avait pas pu arriver à une conclusion
pratique au sujet de la question romaine. Cependant on en était venu à ceci, que l'unique
motif de ne rien conclure consistait dans la vie
précaire (*sic*) du Pape (qui, à l'encontre de tous
les pronostics diplomatiques, devait vivre encore dix-sept ans). Le langage de M. Thouvenel avait été très clair sur ce point[1]. »

On le voit, bien que le succès de ses missions
auprès de Napoléon III ne fût jamais aussi
complet qu'il l'eût désiré, Arese ne quittait cependant pas son impérial ami sans lui arracher
des concessions considérables et sans lui faire

---

[1] Voy. BONFADINI, *op.*, *cit.*, ch. x, p. 294-93.

renier une partie plus ou moins grande des traditions diplomatiques de la vieille France.

Le 3 mars 1862, le baron Ricasoli était remplacé par M. Urbano Rattazzi à la présidence du conseil. Arese se tint à l'écart tant que le nouveau ministère resta aux affaires. Il n'approuvait pas, comme il l'écrivait plus tard à Napoléon III, la politique de M. Rattazzi, toujours faible et complaisant vis-à-vis de Garibaldi. Ne voulant pas accuser et ne pouvant pas défendre les ministres de Victor-Emmanuel, il adopta le parti de se taire[1]. Survint l'affaire d'Aspromonte (28 août 1862), où les bandes garibaldiennes qui s'organisaient pour marcher sur Rome furent dispersées et où Garibaldi fut blessé à un pied. Le ministère Rattazzi ne survécut que quelques mois à cet événement, dont il était bien responsable. Le 8 décembre 1862, il fut remplacé par M. Farini, qui, trois mois après, se retira pour de graves motifs de santé[2] et céda la place à M. Minghetti.

Ne sachant ce qu'il devait penser du ministère du 8 décembre, Napoléon III demanda

[1] Arese à Napoléon III, 11 décembre 1862. Cf. BONFADINI. *op.*, *cit.*, ch. x, p. 302.

[2] Il fut atteint par les premiers symptômes de la folie dont il mourut en 1866.

des informations à Arese, qui lui fit les plus grands éloges des nouveaux conseillers de la couronne, parmi lesquels il ne comptait que des amis. L'Empereur lui répondit par une lettre où il donna des conseils de calme et de prudence, mais où il mit aussi à nu les embarras que lui causait sa politique italienne :

« Paris, le 2 janvier 1863.

« MON CHER ARESE,

« Votre lettre du 11 décembre m'a fait grand plaisir, car il y avait bien longtemps que je n'avais eu de vos nouvelles, et j'avais bien regretté de ne pas vous avoir rencontré à Vichy cette année. L'opinion que vous manifestez en faveur du nouveau ministère italien me fait grand plaisir, car vous savez tout l'intérêt que je porte à votre pays. Il a besoin de hautes intelligences et de mains fermes pour conduire ses destinées.

« L'affaire de Rome est toujours la pierre d'achoppement ; on traite cette question en Italie avec trop de légèreté ; en France et en Europe, elle est très grosse, et indépendamment de mes engagements personnels.

« L'opinion publique en France ne sera pas

du tout favorable à un abandon. Il faut donc se résigner et attendre des évènements une solution favorable.

« Je désire, certes, toujours évacuer Rome, mais je vous répète ce que je vous ai dit il y a quelques années ; je ne le ferai que lorsque mon honneur et ma conscience me permettront de le faire. Enfin, cette question romaine est une de celles qui se résolvent dans le calme et jamais par le bruit et l'excitation des passions.

« J'espère que vous viendrez nous voir cette année ; moi, je me réjouis toujours de me retrouver avec un ami aimé comme vous.

« L'Impératrice m'a chargé de vous dire bien des choses de sa part. Croyez, mon cher Arese, à ma sincère amitié,

« NAPOLÉON.

« *Post-scriptum*. — Il y a (entre nous) une chose qui fait bien mauvais effet ici.

« Il y a à Turin une Mme de Solms [1], qui distribue à tous les journalistes de Paris et litté-

---

[1] Mme la princesse de Solms, née Bonaparte-Wyse. Elle épousa en secondes noces M. Urbano Rattazzi, ministre de Victor-Emmanuel. Après la mort de celui-ci, survenue en 1873, elle se remaria avec M. Rute, député et publiciste espagnol.

rateurs *les croix italiennes ;* elle écrivait hier à quelqu'un : « *J'envoie la croix à Dentu, l'éditeur ; quant « à J..., je la lui porterai moi-même...* » C'est pitoyable[1]! »

Cette lettre, communiquée par Arese aux ministres italiens, leur fit comprendre qu'il était inutile d'insister sur l'évacuation de Rome et sur l'occupation de la Ville éternelle par les troupes royales. Mais ils se dirent que si l'Empereur leur refusait Rome, du moins pourrait-il les aider à résoudre en faveur de l'Italie la question vénitienne, demeurée en suspens depuis la paix de Villafranca.

Le moment n'était pourtant pas bien choisi.

En 1863, la Pologne s'était insurgée contre le gouvernement du tzar. La Grèce avait fait à son tour une révolution pour chasser de son trône le roi Othon, qui l'avait comblée de bienfaits, mais avait le tort très grave, aux yeux du clergé schismatique, d'être profondément attaché au catholicisme, la religion des Wittelsbach, ses pères. L'Europe et la France se préoccupaient des conséquences très sérieuses que les évènements de Varsovie et d'Athènes pouvaient

---

[1] Napoléon III à Arese. Cf. Bonfadini, *Vita di Francesco Arese*, ch. X, p. 304.

engendrer, et Napoléon III n'était guère d'humeur à ajouter de nouvelles complications à celles qui troublaient les rapports internationaux. Plus prévoyant que ses collègues, le comte Joseph Pasolini, ministre des affaires étrangères, se rendait compte de cette situation. Aussi posa-t-il à Arese cette simple question : « L'Empereur veut-il presser ou retarder la question d'Orient ? »

Arese promit de consulter Napoléon III. Il savait de longue date que, comme le dit M. Bonfadini, l'Empereur « était le seul souverain de l'Europe qui eût reçu le baptême révolutionnaire, le seul qui voulût sérieusement déchirer les traités de 1815 [1]. » Arese, qui avait mis beaucoup d'empressement à répondre à la lettre impériale du 2 janvier, écrivait de nouveau à Napoléon III, au mois de février. Il l'assura que le ministère voulait aussi laisser passer quelque temps avant de remettre sur le tapis la question romaine. Il ajouta cependant que les conseillers de Victor-Emmanuel se souvenaient toujours « du magnifique programme de Milan [2] » et qu'ils espéraient que l'Empereur ne

---

[1] Voy. BONFADINI, *op. cit.*, ch. X, p. 306.

[2] *L'Italie doit être libre des Alpes à l'Adriatique.* (Proclamation de Napoléon III aux Italiens. Milan, 8 juin 1859).

l'oublierait pas. Arese proposait ensuite d'ouvrir des négociations en vue de créer un royaume de Grèce considérablement agrandi, aux dépens de la Turquie, et d'en donner le trône à l'archiduc Maximilien, à la condition que l'Autriche cédât à l'Italie non seulement la Vénétie, mais aussi Trente et son territoire, et consentît à faire de Trieste une ville neutre.

Le 23 février 1863, le docteur Conneau écrivait à Arese : « L'Empereur me charge de te dire qu'à son avis le projet que tu lui as communiqué n'a pas de probabilité de réussir, pour le moment du moins ; que cependant il te verra avec beaucoup de plaisir, non seulement pour te parler des choses de notre chère Italie, mais aussi pour ne pas perdre la bonne habitude de te voir de temps en temps[1] . »

Le docteur Conneau ajoutait aux sollicitations de l'Empereur celles, non moins pressantes, de l'Impératrice. Arese, avant de prendre une résolution touchant ce nouveau voyage à Paris, voulut consulter M. Minghetti et le comte Pasolini, qui le pressèrent vivement de profiter de l'invitation. Le 7 mars, le docteur Conneau

---

[1] Le docteur Conneau à Arese. Cf. BONFADINI, *op. cit.*, ch. x, p. 307.

écrivait de nouveau à Arese pour le sermonner et l'engager à partir :

« Paris, le 7 mars 1863.

« MON CHER AMI,

« Je te répéterai ce que je t'ai déjà dit plusieurs fois, que ta présence ici non seulement est très agréable à l'Empereur et à l'Impératrice, mais que tu peux être infiniment utile, et je te dirai comment. Tu auras su combien est grande l'hostilité qui s'est révélée ici contre notre pauvre Italie. Je suis presque sur le point de dire que, sauf l'Empereur, Mocquart, Fleury et moi, tous sont plus ou moins hostiles ou nourrissent peu de sympathie pour l'Italie. Tu sais quelle est l'amitié de l'Empereur pour toi ; mais ce que peut-être l'on ne pouvait pas attendre, c'est que l'Impératrice elle-même ne nourrit pas moins d'affection pour toi. Tu es peut-être le sèul Italien qu'elle aime. Je te le dis en toute franchise. Or qui pourra, en Italie, exercer quelque influence sur elle, si ce n'est toi ? Tu vois que ta présence ici ne peut être qu'utile et avantageuse, et je compte qu'après ces explications tu n'hésiteras pas à venir, si ta santé te le permet...

« Docteur CONNEAU[1]. »

[1] Le Docteur Conneau à Arese. Cf. BONFADINI, *op. cit.*, ch. x, p. 308.

Victor-Emmanuel, informé des démarches si pressantes du docteur Conneau, manifesta au comte Arese son désir de le voir partir. Arese demanda alors des instructions au comte Pasolini, ministre des affaires étrangères, qui lui remit un mémoire sur les questions de Venise et de Rome, accompagné d'une lettre en langue française destinée à être placée sous les yeux de l'Empereur. En voici le passage le plus saillant :

« Cependant, il y a des occasions qu'on ne laisse pas passer impunément, et de grandes choses peuvent se faire en un jour qui ne pourraient plus s'accomplir pendant de longues années. L'état actuel de l'Europe se prête, à notre avis, aux plus vastes combinaisons. Les questions de Grèce et de Pologne, intimement liées avec la question d'Orient, ouvrent à la diplomatie et à l'épée de l'Empereur les perspectives les plus larges et les plus inattendues. Jamais l'opinion publique en Angleterre et en Allemagne n'a été mieux disposée pour l'Empereur. L'attitude de l'Autriche, son libéralisme[1], sincère ou factice, aident encore, au lieu de la rendre plus difficile, la réalisation des vues de l'Empereur.

[1] L'Empereur François-Joseph venait de donner une constitution libérale à ses sujets.

« En constatant cette situation, je ne prétends pas, mon cher comte, formuler à l'avance des projets qui seraient chimériques du moment où ils ne coïncideraient pas avec les idées de la France. Il ne s'agit pas de faire œuvre de fantaisie : il faut tenir compte d'intérêts si multiples, d'exigences si contradictoires, que je croirais manquer de respect à l'Empereur en lui proposant de reconstituer pour notre bon plaisir ou à notre seul point de vue la carte générale de l'Europe.

« Ce que je tiens à faire connaître à Sa Majesté, c'est notre désir sincère, partagé par l'immense majorité de la population, de reprendre à côté de la France la place glorieuse que l'Italie a occupée en 1854 et en 1859. Nul ne peut mieux que vous, mon cher comte, parler ce langage et faire ressortir les avantages qui résulteraient réciproquement d'une entente intime entre la France et l'Italie.

« Les partis hostiles au gouvernement impérial n'épargnent aucun effort, d'un côté pour mettre en doute auprès de lui notre reconnaissance, de l'autre pour nous pousser dans l'ingratitude. Je crois nécessaire que l'Empereur sache par votre entremise que rien n'a pu ébranler notre confiance dans ses intentions généreuses et que c'est encore en lui que repose notre meilleur espoir.

« Si l'Empereur croit que le moment soit venu où l'on puisse, soit en renouvelant l'alliance des puissances occidentales, soit par d'autres combinaisons, résoudre les questions pendantes, il n'a qu'à vous faire connaître confidentiellement ses intentions.

« Dans l'état actuel de l'Italie, le gouvernement du roi ne pourrait *s'exposer à rester dans l'isolement* sans perdre toute son autorité morale et rendre aux partis avancés un prestige qu'ils ont heureusement perdu. J'espère que l'Empereur ne voudra pas nous exposer à ce danger et qu'il *trouvera convenable que nous nous associions dans la mesure de nos forces* à sa politique. En présence des complications que l'avenir renferme dans son sein, je crois devoir avant tout assurer à notre pays l'avantage moral qui résultera d'ue *union intime avec l'Empereur.* Vous pouvez, mon cher Arese, m'aider puissamment à obtenir ce grand résultat en vous adressant au cœur de l'Empereur, à sa vieille et auguste amitié[1]. »

[1] Pasolini à Arese : Turin, le 9 mars 1863. Cf. BONFADINI. *op. cit.*, ch. x, p. 310-311. — Les mots soulignés le sont également dans la lettre du comte Pasolini.

Au fond, c'est vers une nouvelle et dangereuse aventure que le gouvernement italien poussait Napoléon III, déjà si enclin par nature à se jeter dans des entreprises risquées. Aussi a-t-on le droit de s'étonner des accusations que le docteur Conneau articule contre la majorité des Français, et même des impérialistes, et auxquelles le comte Pasolini fait allusion dans sa lettre. Si l'on n'était pas favorable en France à la politique italienne de l'Empereur, ce n'était pas par hostilité contre l'Italie, mais parce que, même en ne tenant aucun compte ni de la situation faite au Pape par les annexions italiennes, ni de la politique hostile à l'Eglise suivie par le cabinet de Turin, on ne voyait que trop les dangers auxquels la guerre de 1859 avait exposé la France. On avait le droit de tout redouter des rêves de Napoléon III, qui subissait à un si haut degré l'influence de personnages politiques étrangers et notamment des amis qu'il avait en Italie, alors qu'il ne se souciait guère des conseils des hommes les plus considérables de son propre pays et encore moins de la politique traditionnelle de la France en Europe.

Cependant, en 1863, les événements et l'étroite alliance entre la Prusse et la Russie empêchèrent l'Empereur de suivre les conseils de l'Italie, ainsi qu'il y avait songé tout d'abord, comme nous le verrons tout à l'heure.

Arese arriva à Paris le 13 mars.

« A peine arrivé à l'hôtel de Douvres, écrit-t-il au comte Pasolini, Conneau vint, au nom de l'Empereur, m'inviter à aller aux Tuileries. Après une résistance modérée, je me rendis, et me voilà très bien installé. Je fus comblé d'amabilités cordiales, surtout de la part de l'Impératrice, et d'une manière si excessive que j'en tirai mauvais augure, craignant qu'on ne voulût me payer avec cette monnaie, et je me mis en garde. A présent, je commence à espérer d'avoir été soupçonneux et injuste.

« Je ne te répéterai pas tous les discours que nous avons tenus. Ce serait trop long, et ne voulant pas te faire perdre un temps précieux, je ne te dirai que les choses les plus saillantes. D'abord, le vent qui souffle ici ne nous est pas le moins du monde favorable. En ce moment, il est de mode d'être *très catholique*[1]. L'approche des élections pousse le gouvernement à ménager le clergé.

« L'Empereur, heureusement, jouit d'une

[1] Arese était profondément irréligieux.

14

excellente santé. Seulement, comme il a engraissé, il mène une vie moins active. Son intelligence est aussi claire et lucide que jamais. L'activité de son esprit est toujours la même. Elle est seulement en grande partie absorbée par l'ouvrage qu'il écrit sur Jules César.

« D'après de longues conversations que j'ai eues avec l'Empereur, je crois pouvoir conclure que, s'il pouvait se fier à l'Angleterre et à l'Autriche, ou au moins à l'Autriche, on ne tarderait pas à entendre le *branle-bas du combat* et, pour celui-ci, on compterait sur nous. Et cette dernière phrase a été dite et répétée très explicitement, car il y a pour nous la perspective de la Vénétie. Nous avons parlé beaucoup de la question romaine, et j'ai la conviction que, sur celle-ci, l'Empereur n'a aucune idée *arrêtée.* Il a accepté ton projet[1], bien qu'il le déclarât absurde, et il m'a promis de l'examiner et de

[1] Le projet du comte Pasolini consistait à attendre la mort de Pie IX et à obtenir de l'Empereur qu'il laissât faire des manifestations populaires en faveur de l'annexion de Rome à l'Italie pendant la vacance du Siège apostolique, de manière à fournir au gouvernement impérial « un argument irrésistible pour obliger le nouveau Pape à accepter une transaction honorable ». (Pasolini à Arese, mars 1863. Cf. BONFADINI, *Vita di Francesco Arese* ; pièces justificatives, p. 434.)

me donner une réponse. Je sais toutefois qu'il a écrit et fait écrire à Rome, ces jours-ci, afin d'avoir des nouvelles positives touchant la santé du Pape, et qu'il a demandé des informations sur le cardinal qu'il faudrait appuyer et sur ceux qu'il faudrait exclure. Il a insisté sur la nécessité que ce soit un Italien et un libéral, autant que la nature cardinalice (*sic*) le permet. Il m'a demandé à plusieurs reprises quel était le nom auquel notre gouvernement donnerait la priorité, et j'ai répondu ce que tu m'as dit à ce sujet. J'ai vu Drouyn (de Lhuys), que j'ai trouvé très raisonnable, du moins en apparence. Il m'a dit qu'avec un changement du Pape, l'état des choses, les rapports et les *engagements* de la France changeraient aussi. Et lorsque je lui parlai de notre désir, qui est pour nous une nécessité politique, de conserver dans une action diplomatique la position que nous avions acquise en Crimée et à Solférino, le ministre se montra très satisfait et me répondit « qu'il serait heureux, le cas échéant, de « pouvoir frapper à la porte de l'Italie pour « demander son appui. »

Arese, en résumant son impression sur ses conversations avec Napoléon III et les personnages les plus influents du gouvernement et du parti impérialiste, définit la situation par ces mots : « Somme toute, il me semble que je puis dire qu'ici aussi on fait de la politique *au jour le jour* et qu'on se laisse complètement diriger par les éventualités[1]. »

Le comte Pasolini ne fut que médiocrement satisfait du premier rapport du comte Arese. Il trouvait les idées de Napoléon III vagues et incertaines, et l'Empereur trop peu enclin à une nouvelle aventure au gré du gouvernement de Turin.

Le 18 mars 1863, Arese rend compte d'une nouvelle conversation avec Napoléon III. L'Empereur lui a dit qu'il compte, au moyen de négociations diplomatiques, obtenir la cession de la Vénétie; mais il conseille la prudence la plus absolue au gouvernement italien, reprochant à Victor-Emmanuel « de tremper dans tous ces imbroglios (*pasticci*) garibaldiens et mazziniens ».

A ce sujet, Arese écrit à Pasolini : « Ayant, *contre ma conviction*, nié la chose (*lesdites intrigues*) à l'Empereur, celui-ci m'a dit : « En ren-« trant au palais (nous nous promenions dans

[1] Arese à Pasolini. Paris, le 16 mars 1863. Cf. Bon-fadini, *op. cit.*, ch. x, p. 313-314.

« le jardin des Tuileries), je vous montrerai un
« rapport auquel je prête entièrement foi. »
En effet, il me l'a montré, il m'a même permis
de le prendre et je t'en envoie une copie [1]. Tu
verras qu'il a tout le *cachet* de la vérité. Or, il
me semble convenable que, sans en parler le
moins du monde à Sa Majesté, on fasse tout ce
qui est possible pour *contrecarrer* ses... intrigues. »

[1] Ce rapport est signé *Boitelle*. Il dit notamment :
« Dans une récente correspondance de Londres, on
nous disait que Mazzini était certain, par des rapports
qu'il recevait de la cour de Turin, de pouvoir entraîner
le gouvernement italien dans le mouvement qu'il prépare contre la Vénétie. Voici, d'après un renseignement
qui nous est donné par une personne bien informée,
comment Mazzini connaîtrait les intentions du roi
Victor-Emmanuel à cet égard. Crispi serait, dans ce
moment, honoré de toute la confiance du roi. C'est
par Libertini, ami de Crispi et agent de Mazzini, auprès de qui il est en ce moment, que ce dernier est tenu
au courant de tout. D'après Libertini, Crispi aurait
reçu du roi personnellement l'assurance que Sa Majesté
ne s'opposera nullement au mouvement que le parti
d'action engagera dans la Vénétie, et le secondera au
moment opportun. Le roi recommande seulement d'agir
dans le plus grand secret, de manière à éviter que son
gouvernement soit averti par le gouvernement français
et se trouve obligé de prendre des mesures pour empêcher le mouvement.» (Voy. BONFADINI, *Vita di Francesco Arese* ; pièces justificatives, p. 435-436.)

« Quant à la question romaine, ajoute Arese, l'Empereur m'a dit ouvertement, que, pour le moment, il ne pouvait rien faire ; qu'il avait pris deux fois toutes les dispositions nécessaires pour rappeler ses troupes, et que deux fois les expéditions de Garibaldi l'en avaient empêché ; que nous avions tort de crier toujours et sur tous les tons : « Nous voulons Rome ; nous voulons Venise ; nous y avons droit, elles nous appartiennent. » — « Dites-moi un peu, ajouta-
« t-il, si demain M. Billault, au Sénat, à propos
« de la question polonaise se permettait de dire:
« Le Rhin nous appartient ; nous voulons le
« Rhin » ; croyez-vous que cette bravade me le
« ferait obtenir ? Par conséquent, tenez-vous
« tranquilles, endormez le Pape, laissez-nous
« avoir la conviction que vous ne l'attaquerez
« pas, et je ne demande pas mieux que de m'en
« aller, et après, vous ferez ce que vous vou-
« drez. Il est nécessaire que nous réunissions
« nos efforts en vue de l'élection du nouveau
« Pape. Quel est votre candidat ? »

« Voilà, s'écrie Arese, voilà la question qui m'a été posée à plusieurs reprises. J'ai répondu conformément à ce que tu m'as dit vaguement ; j'ai ajouté que j'avais entendu parler des cardi-naux Bofondi et d'Andrea, mais que je ne pou-

vais rien dire de positif. C'est pourquoi, si tu
as à ce sujet une idée *arrêtée*, je te prie, par
l'amour du Christ (*sic*), de me la faire connaître
par le télégraphe ; car il est fort peu amusant
pour moi d'être dans l'impossibilité de répondre sur un tel argument[1]. »

On trouvera peut-être étranges les conseils
que Napoléon III donnait au gouvernement
italien, par l'entremise de son ami Arese, sur
la conduite à tenir au sujet de la question
romaine. On aura même raison si on y voit
une contradiction flagrante avec d'autres déclarations de l'Empereur, où il avait dit auparavant qu'il ne pouvait livrer le Pape et que
l'opinion en France y était absolument contraire.
Faut-il pour cela mettre en doute l'exactitude
des informations qu'Arese donne au comte Pasolini touchant ses conversations avec l'Empereur, Faut-il croire qu'il a mal interprété la
pensée de Napoléon III, en lui attribuant des
phrases comme celles-ci : « *Endormez le Pape,*
laissez-nous avoir la conviction que vous ne
l'attaquerez pas, et je ne demande pas mieux
que de m'en aller ; APRÈS, *vous ferez ce vous voudrez* ? »

[1] Arese à Pasolini. Paris, le 18 mars 1863. Cf. Bon-
FADINI, *op. cit.*, ch. x, p. 317-318.

Certes, si le diplomate qui a rédigé le rapport du 18 mars 1863 n'était pas l'ami intime de Napoléon III, on aurait le droit de soupçonner sa bonne foi. Mais Arese était trop dévoué à l'Empereur pour le compromettre et pour compromettre en même temps les rapports entre son pays et la cour des Tuileries. En outre, sans être un homme remarquable, Arese était doué de beaucoup de sens pratique, de tact et de jugement, et il avait une incontestable droiture. Ennemi du clergé et des idées religieuses, il ne sacrifiait pas cependant la sécurité de son pays à des haines aveugles. Il n'a que trop contribué à combattre l'Eglise en Italie, mais il se serait bien gardé, pour préparer l'invasion de Rome, de provoquer une crise dangereuse en trompant son gouvernement sur les intentions de Napoléon III. D'ailleurs, l'exactitude avec laquelle il note dans ses rapports les discours de l'Empereur, sans se préoccuper s'ils sont favorables ou contraires aux prétentions italiennes, nous offre une garantie de sa véracité alors qu'il met sur les lèvres de Napoléon III l'étrange langage que je viens de reproduire. Au fond, ce langage et les contradictions de l'Empereur s'expliquent en tenant compte de l'opposition que sa politique italienne rencontrait

parmi les hommes les plus considérables de
France et de sa propre cour, et des idées de sa
jeunesse qui le poussaient à ne pas se préoccuper de cette opposition. Or, comme, selon l'expression d'Arese, Napoléon III faisait, en 1863,
« de la politique au jour le jour », il est tout
simple de conclure qu'il refusait ou promettait
selon qu'il subissait l'une ou l'autre des
influences qui s'agitaient autour de lui.

Arese resta à Paris jusqu'au 24 mars. L'Empereur ne lui dit plus rien qui pût l'encourager
à entretenir les espérances du cabinet de Turin.
Quant à M. Drouyn de Lhuys, craignant sans
doute que le séjour d'Arese aux Tuileries et ses
longues conversations avec Napoléon III n'eussent pour résultat quelque coup de tête du
ministère italien, il s'efforça, dans un dernier
entretien avec l'ami de son maître, de lui ôter
toute illusion et de lui donner des conseils de
prudence, tout en lui déclarant, pour la bonne
bouche, que la France désirait rester dans les
meilleurs termes avec l'Italie et comptait sur
son appui en cas de guerre.

Arese, en rentrant à Turin, avait la conviction
que Napoléon III n'était plus à la hauteur de
la situation de plus en plus grave où se trouvait
l'Europe, et que l'Italie devait se montrer bien

sage si elle ne voulait pas compromettre ce qu'elle avait obtenu depuis la guerre de 1859. Il conseilla surtout aux ministres d'ajourner toute prétention sur Rome.

CHAPITRE VIII.

ll revient en Italie découragé par le spectacle de la décadence du second Empire. — Le plébiscite de 1870. — Arese félicite Napoléon III du résultat du plébiscite. — Réponse de Napoléon III. — La guerre de 1870.

Arese ne prit aucune part aux négociations qui aboutirent à la célèbre convention du 15 septembre 1864. Ses rapports avec Napoléon III et le docteur Conneau continuèrent d'être très intimes, mais la politique n'y eut plus de place.

A l'occasion du mariage de Mlle Lucie Arese avec le marquis Uberto Pallavicino, Napoléon III écrivit une lettre affectueuse à son vieil ami. Il est bon de la reproduire, parce qu'on y voit la trace des graves préoccupations de l'Empereur au moment où M. de Bismarck se livrait à la première de ses entreprises, la guerre contre le Danemarck, pour lui arracher les duchés de l'Elbe :

« Paris, le 27 mars 1864.

« Mon cher Arese,

« J'ai appris avec grand plaisir le mariage projeté de votre fille. Je ne doute pas que le choix que vous avez fait pour elle ne réalise toutes vos espérances. Qant à moi, vous connaissez assez mon ancienne amitié pour être

sûr que je partage sincèrement tout votre bonheur. Je ne vous parle pas de politique ; tout
est si sombre et si embrouillé que ce qu'il y a
de mieux à faire, c'est de rester dans sa tente,
l'arme au bras. On dit qu'il y a des gens qui
s'entendent comme *larrons en foire*, mais après
la foire vient la brouille. L'Impératrice me
charge de vous dire qu'elle prend une vive part
au mariage de votre fille, et moi, mon cher
Arese, je vous redouble l'assurance de mon
ancienne et sincère amitié.

« NAPOLÉON.[1] »

Une chose est à remarquer dans cette courte
pièce. L'Empereur s'y montre convaincu que,
« après la foire vient la brouille », et que les
« larrons en foire », c'est-à-dire l'Autriche et la
Prusse, ne tarderont pas à se trouver placées,
l'une vis-à-vis de l'autre, dans une attitude
menaçante. On se demande alors pourquoi il
était résolu à « rester dans sa tente, l'arme au
bras », et on s'étonne surtout qu'ayant eu la
clairvoyance de prévoir, dès le mois de mars
1864, c'est-à-dire plus de deux ans avant qu'elle
éclatât, la guerre austro-prussienne, il ait com-

---

[1] Napoléon III à Arese. Cf. BONFADINI, *op. cit.*, ch. x
p. 330.

mis la faute énorme de ne pas se tenir prêt à toute éventualité et de se laisser, au contraire, surprendre par les événements, s'endormant, pour ainsi dire, pour ne se réveiller que le 4 juillet 1866, après le coup de foudre de Sadowa ?

Au mois de mars 1866, à la veille de la guerre, le général La Marmora, alors président du conseil, envoya le comte Arese à Paris. Il avait la mission de demander à Napoléon III sa pensée touchant l'amnistie que le gouvernement italien voulait accorder à Mazzini et touchant le traité d'alliance que Victor-Emmanuel allait signer avec le roi Guillaume.

Quant à Mazzini, Napoléon III n'ignorait pas qu'il avait préparé et dirigé de loin, selon son habitude, l'attentat d'Orsini. Mais il avait eu trop de liens, pendant sa jeunesse, avec les sectes mazziniennes et notamment avec les *carbonari*, pour s'opposer, en 1866, à l'amnistie du fondateur et du chef du *carbonarisme*. Quant à l'alliance italo-prussienne, on s'explique beaucoup moins l'inconcevable aveuglement de l'Empereur. Il est clair que s'il y avait une puissance intéressée à maintenir l'équilibre des forces en Allemagne et à empêcher que la Prusse écrasât l'Autriche, c'était la France.

Une victoire de la Prusse ne pouvait avoir pour conséquence que la formation sur les frontières mêmes de la France d'une puissance formidable qui, d'un moment à l'autre, pouvait menacer la sécurité de l'Empire français. Si une victoire de l'Autriche offrait moins d'inconvénients, il n'en est pas moins certain que de toutes les solutions celle qui aurait dû avoir la préférence était précisément celle qui sauvegardait le *statu quo* établi en Allemagne par le traité de Vienne. Malheureusement, comme j'ai eu déjà l'occasion de le remarquer, dès sa jeunesse, Napoléon III avait toujours regardé les traités de 1815 comme une œuvre réactionnaire et contraire aux traditions napoléoniennes. C'est pourquoi il les avait pris en horreur et regardait comme un triomphe personnel tout acte qui leur portait atteinte. Ce préjugé avait égaré son esprit au point de lui faire abandonner la politique traditionnelle de son pays. Il devait compromettre d'une manière irréparable le sort de l'Empire et la fortune de la France par l'attitude inconsciente qu'il inspira à Napoléon III en 1866.

Nous avons vu que, dans sa lettre au comte Arese du 27 mars 1864, l'Empereur prévoyait que l'affaire du Schlesvig et de l'Holstein abou-

tirait à *la brouille entre les deux larrons*. Loin
de prendre ses précautions en vue de cette
grave éventualité, Napoléon III avait désor-
ganisé l'armée et vidé les arsenaux pour s'abandonner à l'aventure mexicaine et, au lieu de
veiller au maintien de la paix entre les deux
grandes puissances allemandes, il avait laissé
monter la marée, se contentant de caresser
des rêves que l'avenir devait anéantir si misérablement.

Lorsque Arese arriva à Paris à la fin du mois
de mars 1866, il était sans doute un peu tard
pour réparer les conséquences de l'imprévoy-
ance des deux dernières années. Mais il n'était
pas trop tard. Un seul mot dit à Arese eût suffi
pour arrêter l'Italie sur la voie où elle s'était
engagée en négociant avec M. de Bismarck. Et
la chose était d'autant plus aisée que les démarches du général Govone, chargé par le cabinet italien de discuter avec le premier ministre
du roi Guillaume les conditions d'une alliance
italo-prussienne, rencontrèrent au début, à
Berlin, des obstacles assez graves et imprévus.
Napoléon III avait donc une dernière chance
dans ces difficultés dont il pouvait profiter pour
détourner l'Italie d'une telle alliance. Loin de
suivre cette sage politique, il encouragea le gé-

néral La Marmora dans ses projets [1]. Mais laissons ici la parole à M. Bonfadini, qui résume fort bien, en une page, l'histoire de la mission d'Arese.

« M. Bonghi, dit-il, nous montre la grandeur des difficultés que le général Govone rencontra à Berlin, et il nous fait voir avec quel fine habileté le général dut défendre notre pays et sa politique contre les astucieuses manœuvres du ministre du roi Guillaume. Arese n'eut pas à surmonter, à Paris, de semblables difficultés. Arrivé dans cette ville le 29 mars, il pouvait, dès le lendemain, envoyer cette dépêche au général La Marmora.

« Paris, 30 mars 1866.

« Déchiffrez vous-même.

« J'ai été très bien reçu par l'Empereur. Il
« croit de bonne politique d'amnistier Mazzini,
« et déclare que, quant à lui, il est parfaite-
« ment indifférent. Il m'a dit que le prince
« Napoléon n'a ni instructions ni commis-

---

[1] Il faut remarquer, au surplus, que le général La Marmora était peut-être, après Arese, l'homme d'Etat italien le plus dévoué à Napoléon III. L'Empereur pouvait donc le détourner sans peine de l'alliance prussienne.

15

« sions de sa part[1]. *Il trouve utile la signature
« du traité avec la Prusse*; mais il déclare
« donner un conseil comme ami et sans au-
« cune responsabilité. Il ne croit pas, pour le
« moment, à la possibilité d'arrangements entre
« l'Italie et l'Autriche. Il m'a autorisé à vous
« télégraphier tout cela. Le roi de Prusse se
« prononce chaque jour davantage pour la
« guerre, d'après les nouvelles reçues de Ber-
« lin par l'Empereur. Je déjeune demain avec
« lui.

« ARESE. »

« Et le lendemain, il confirmait les mêmes
nouvelles en ajoutant que, dans une longue
conversation qu'il avait eue avec Napoléon,
celui-ci avait tenu un langage *encore plus belli-
queux*.

« Ayant prolongé son séjour à Paris afin
d'être prêt à communiquer les nouvelles et à
diminuer les oppositions, Arese envoyait une
autre dépêche à La Marmora le 9 avril :

» Paris, le 9 avril 1866.

« Déchiffrez vous-même.

« L'Empereur m'a dit ce matin que le roi de

[1] Le prince Napoléon était alors en Italie. Il était
très favorable à la Prusse.

« Prusse convoquait à Francfort le Parlement
« allemand sur la base du suffrage universel.
« Il m'a demandé à plusieurs reprises si notre
« traité était signé. Je partirai jeudi soir, sauf
« avis contraire.

« ARESE. »

« Le traité avait été signé le 8 avril au soir, à
Berlin. Arese en recevait la nouvelle par le
télégraphe le 10 au matin, et le même jour il
en informait l'Empereur. Celui-ci put, le soir
même, en parler comme de chose faite au comte
de Goltz, ministre de Prusse, qui en fut tout
étonné, n'ayant encore reçu aucune information
à ce sujet de la part de son gouvernement[1]. »

M. Bonfadini ajoute plus loin qu'Arese laissait à Paris, au moment de son départ, *une
situation satisfaisante* : satisfaisante sans doute
pour l'Italie, qui devait y gagner la Vénétie,
mais non certes pour la France, comme les
événements de 1870 ne l'ont que trop démontré.

Si l'Empereur pratiquait avec tant de légèreté
la politique du laisser-faire appliquée à la
Prusse, l'opinion en France, il est juste et né-

[1] Voy. BONFADINI, *Vita di Francesco Arese,* ch. x,
p. 338-339.

cessaire de le reconnaître, était très inquiète
et fort peu favorable aux projets de M. de Bismarck. M. Thiers se fit l'écho de ces craintes
patriotiques à la tribune du Corps législatif.
Mais Napoléon III, loin d'écouter les sages
conseils du ministre de Louis-Philippe, en fut
froissé, et il profita d'un voyage qu'il fit à
Auxerre pour se livrer à d'étranges attaques
contre les traités de 1815. Ce qu'il y a de plus
inexplicable dans la conduite de Napoléon III
en 1866, c'est que, pouvant, même après la
signature du traité italo-prussien, empêcher la
guerre et sauvegarder les intérêts de la France,
il n'eut qu'un souci : ce fut de s'assurer que,
même en cas de victoire, l'Autriche céderait la
Vénétie à l'Italie. César Cantù rappelle, en
effet, que, dans le *Journal des Débats* du
4 juin 1866, M. John Lemoinne écrivait :
« Nous osons mettre en fait qu'il n'y a pas un
Autrichien, à Vienne ou à Paris, qui doute
qu'à l'issue de cette guerre, *quelle qu'elle soit*,
la Vénétie sera redevenue italienne [1]. »

La bataille de Sadowa (3 juillet 1866) termina la guerre. Peu après, la Prusse signa avec

---

[1] Voy. CANTU, *Cronistoria dell'Indipendenza ita-
liana*, tome III. — Voy. ci-dessous la lettre de Napoléon III à Arese, 3 novembre 1866.

l'Autriche les préliminaires de la paix à Nikolsbourg, oubliant même d'en avertir l'Italie.
L'Autriche céda la Vénétie à Napoléon III,
qui envoya à Venise le général Lebœuf pour la
recevoir des mains du représentant de l'Empereur François-Joseph et la passer à Victor-
Emmanuel. L'Italie était mécontente. Elle jugeait sévèrement la conduite de la Prusse qui,
deux jours avant de signer, à son insu, les
préliminaires de Nikolsbourg, excitait l'Italie à
continuer énergiquement la guerre, sans tenir
compte de la cession de la Vénétie à Napoléon III[1].
M. Ricasoli, président du conseil, MM. Visconti-Venosta et Jacini, ministres des affaires
étrangères et des travaux publics, écrivaient
lettres sur lettres à Arese pour l'inviter à faire
des démarches auprès de Napoléon III, dans le
but d'obtenir que Trente aussi fût cédé à l'Italie.
Arese, tout en partageant les idées des conseillers de Victor-Emmanuel, comprit sans peine
que l'Empereur avait autre chose à faire que
de songer aux demandes de l'Italie. Ce que l'on
a appelé le coup de foudre de Sadowa avait
créé une situation très grave pour la sécurité de

---

[1] Jacini, ministre des travaux publics, à Arese, 28 juillet 1866. Cf. BONFADINI, *op. cit.*, ch. x, p. 346.

la France ; et le second Empire, accusé d'im-
prévoyance et même de complicité avec M. de
Bismarck, n'avait qu'une pensée : calmer les
ressentiments de l'opinion et faire un effort suprême pour essayer d'empêcher la Prusse de
trop abuser de sa victoire.

Dans ces conditions, Arese s'abstint d'importuner l'Empereur. Il se contenta d'écrire au
docteur Conneau pour le prier de demander à
Napoléon III de modifier en partie les instructions du général Lebœuf, de manière à donner
une satisfaction à l'amour-propre italien, déjà
froissé de ne pas recevoir la Vénétie directement des mains de l'Empereur d'Autriche. Napoléon III accepta les conseils de son ami
Arese, et celui-ci, quand les affaires de Venise
furent arrangées, crut devoir exprimer par
lettre à l'Empereur sa gratitude pour l'heureux
accomplissement du programme formulé par la
proclamation de Milan (8 juin 1859) : *l'Italie
doit être libre des Alpes à l'Adriatique* Arese
ajoutait que les Italiens lui savaient gré de tout
ce qu'il avait fait pour l'indépendance de leur
pays, malgré les immenses difficultés qu'il
avait rencontrées sur son chemin, et considé-
raient l'Empereur comme leur plus vieil ami et
le plus constant défenseur de leur liberté.

L'Empereur ne tarda pas à répondre ; mais sa lettre trahit les embarras de la situation qui lui était faite par les triomphes de la Prusse. S'il parle de Rome, ce n'est plus pour dire : Soyez prudents, laissez-moi évacuer la Ville éternelle et puis faites ce que vous voudrez, mais pour affirmer énergiquement qu'il n'abandonnera pas le Pape.

« Saint-Cloud, le 3 novembre 1866.

« MON CHER ARESE,

« Votre lettre m'a fait grand plaisir, car elle me prouve qu'il y a en Italie quelques personnes qui rendent justice à ce que j'ai fait pour votre pays. La conduite de beaucoup de vos compatriotes[1] m'a été d'autant plus sensible qu'il faut que vous sachiez qu'avant la guerre j'avais conclu avec l'Autriche un traité par lequel, en cas de victoire en Allemagne, elle me *céderait la Vénétie*. Maintenant, il reste l'affaire de Rome, mais il faut qu'on sache que, de ce côté, je ne céderai rien et que je suis bien décidé, tout en exécutant la convention du

---

[1] Allusion aux attaques violentes des partis avancés et de la presse contre Napoléon III, après la cession de la Vénétie à l'Empereur, au lendemain de Sadowa.

15 septembre [1], à soutenir le pouvoir temporel du Pape par tous les moyens possibles.

« Recevez, mon chez Arese, l'assurance de mon ancienne et sincère amitié,

« NAPOLÉON [2]. »

Bien qu'Arese partageât complètement les tristes opinions religieuses de Prosper Mérimée, qui, en parlant de la France, peu aprés la bataille de Castelfidardo, écrivait à Panizzi : « Notre pays a le malheur d'être profondément religieux », il avait cependant trop d'affection pour l'Empereur et trop de sens pratique pour ne pas comprendre les graves motifs qui obligeaient Napoléon III à faire de la politique française à Rome et à renoncer à ses vieux rêves. Arese s'abstint d'importuner l'Empereur à cet endroit. Leur correspondance perd, dès lors, tout caractère politique. On sent qu'ils évitent avec soin de traiter des sujets désagréables. D'ailleurs, l'aventure garibaldienne de 1867, manifestememt appuyée par M. de

---

[1] C'est-à-dire à retirer ses troupes de Rome, selon ladite convention.

[2] Napoléon III à Arese. Cf. BONFADINI, *op. cit.*, ch. x, p. 353.

Bismarck[1] et terminée par le combat de Mentana (3 novembre), avait contraint Napoléon III à intervenir à main armée à Rome, et Arese, de son côté, ne cachait pas son mécontentement de la politique du second ministère Rattazzi, qui avait provoqué la rentrée des Français dans les Etats pontificaux. Dès lors, il résolut de ne plus se mêler de négociations diplomatiques touchant la question romaine. Aussi lorsque, un an plus tard, le général Menabrea, successeur de M. Rattazzi à la présidence du conseil, l'engageait à faire de nouvelles démarches auprès de Napoléon III, Arese lui répondait :

« Depuis dix mois à peu près, j'ignore complètement nos rapports avec le cabinet des Tuileries, avec celui de Rome ou des autres cours d'Europe, et il me serait impossible, avec les seules données de votre lettre, toutes précises qu'elles soient, d'aborder avec l'Empereur une question aussi épineuse que celle de Rome, qui,

---

[1] M. de Bismarck était à ce point le complice du ministère Rattazzi et de Garibaldi que les manifestes et autres pièces garibaldiennes pénétraient à Rome mêlées aux lettres et documents que le gouvernement prussien envoyait à M. d'Arnim qui le représentait auprès du Saint-Siège.

malheureusement, *a été toujours envenimée par notre faute.* » Il signalait au président du conseil les menées des républicains et des garibaldiens en Italie, et il ajoutait : « Vous avouerez que tout cela n'est pas fait pour nous concilier les sympathies d'un gouvernement comme celui de l'Empereur, ni pour lui donner la garantie nécessaire pour obtenir ce que nous désirons[1] ».

Arese, ne croyant pas que sa présence aux Tuileries fût opportune au moment où Garibaldi envahissait les Etats pontificaux, s'était abstenu d'aller voir l'Empereur et l'Impératrice, lors du voyage qu'il fit à Paris, au cours de l'automne 1867, pour voir l'Exposition universelle, ce qui lui procura d'aimables reproches de la part de Leurs Majestés. Après Mentana, il estima que ses rapports avec son puissant ami devaient se borner à des échanges de lettres tant que dureraient les effets des événements de 1867. Cependant, Napoléon III regrettait cette résolution. Aussi profita-t-il du mariage du comte Marc Arese et de la comtesse Mathilde Serristori de Florence pour écrire à son vieil ami :

[1] Arese au général Menabrea. Aix, le 15 septembre 1868. Cf. BONFADINI, *op. cit.*, pièces justificatives, p. 442.

» Palais des Tuileries, le 30 mars 1869.

« MON CHER ARESE,

« J'ai appris avec plaisir le prochain mariage de votre fils aîné, car vous ne pouvez douter de l'amitié que je porte à tous les vôtres et des vœux que je forme pour leur bonheur. L'Impératrice se joint à moi pour vous exprimer ses félicitations.

« Il y a bien longtemps que vous n'êtes venu en France. J'espère cependant que vous vous déciderez à venir, sans attendre que le Mont-Cenis soit percé !

« Ma santé se soutient bien cette année, et le moral aussi, malgré tous les ennuis de ma position.

« Recevez, cher Arese, l'assurance de ma sincère amitié.

« NAPOLÉON[1]. ».

« Comme on le voit, dit M. Bonfadini, l'affection était restée telle quelle. En s'abstenant de toute allusion politique, l'Empereur indiquait qu'il appréciait la réserve et le tact de son ami. Mais comme le docteur Conneau écrivait aussi à

[1] Napoléon III à Arese. Cf. BONFADINI, *op. cit.*, ch. XI, p. 357.

Arese que l'Empereur et l'Impératrice désiraient
le revoir, le comte ne put se soustraire à l'invitation. Il alla, vers la fin de l'année (1869) à
Compiègne. Ce fut la dernière visite qu'il fit à
un empereur. La visite suivante, il la fera à un
exilé. Arese revint de Compiègne triste et découragé. Il avait trouvé chez son ami le même cœur
et, il lui semblait, la même intelligence. Mais
les souffrances physiques avaient annulé chez
lui toute vigueur morale. Autour de lui il n'a-
vait rencontré que plaisirs effrénés, orgueil et
insouciance ; en un mot, tous les symptômes
d'un régime en décadence. Néanmoins, lorsque,
l'année d'après, grâce à « l'activité dévorante »
du ministère Ollivier, un nouveau plébiscite
sembla fortifier les nouvelles institutions de
l'Empire parlementaire, le comte Arese envoya
encore une fois ses félicitations à l'Empereur.
Et celui-ci, toujours plein de cordialité, mais
dépourvu d'illusions, répondait :

« Palais des Tuileries, le 2 juin 1870.

« Mon cher Arese,

« Je vous remercie de votre lettre qui me
prouve que vous ne m'oubliez pas. Je ne dou-
tais pas de la part que vous avez prise au succès

du plébiscite, car je connais depuis longtemps votre dévouement, et d'ailleurs l'ordre consolidé en France doit avoir une bonne influence pour la destinée de l'Italie.

« J'espère que votre famille est en bonne santé et je vous renouvelle l'assurance de mon amitié.

« Napoléon[1]. »

Le ton de cette lettre est si terne qu'on devine, à travers les quelques phrases dont elle se compose, le scepticisme de l'Empereur à l'endroit de la valeur réelle du plébiscite et de son influence sur l'avenir de l'Empire, que bien des gens, à cette époque, surtout à l'étranger, croyaient consolidé pour longtemps. Un mois après, la candidature du prince Léopold de Hohenzollern au trône d'Espagne venait anéantir les calculs des amis de la dynastie impériale et provoquer les désastres où s'engloutit, en même temps que le second Empire, la fortune de la France.

[1] Voy. Bonfadini, *Vita di Francesco Arese*, ch. xi, p. 357-358.

CHAPITRE IX

Arese apprend la déclaration de la guerre franco-prussienne au cours d'un voyage en Allemagne. — Arese
travaille à Vienne pour la conclusion d'un traité
d'alliance austro-italien en faveur de la France. —
Batailles de Wissembourg, de Wœrth et de Forbach.
— Arese est consterné. — Il comprend que l'Empire
est perdu et invite le gouvernement italien à prendre
des précautions défensives. — Le désastre de Sedan
et la journée du 4 septembre. — Arese écrit plusieurs
lettres à Napoléon III, prisonnier à Wilhelmshœhe.
— Réponses de l'ex-Empereur à Arese.—Correspondance entre Arése et Napoléon III. — Un billet de
Victor-Emmanuel. — Une curieuse lettre de Napoléon III, sur le transfert de la capitale du royaume
d'Italie à Rome. — Arese à Chislehurst. — Reconnaissance de Napoléon III et de l'Impératrice pour
Arese. — Mort de Napoléon III. — Les dernières
années de la vie du comte François Arese. — Conclusion.

Arese voyageait en Allemagne lorsqu'éclata
la guerre franco-prussienne. Il n'eut aucune part
aux négociations entre la France, l'Autriche et

l'Italie en vue d'une action commune de ces deux dernières puissances, ou tout au moins d'une espèce de neutralité armée capable de paralyser en partie les mouvements de l'armée prussienne.

Arese n'ignorait point, d'ailleurs, que l'Italie avait complètement désarmé et qu'elle ne pouvait du jour au lendemain envoyer une armée sérieusement organisée au secours de la France. C'est pourquoi il eut les plus vives inquiétudes dès qu'il apprit la déclaration de guerre. Son dévouement pour Napoléon III lui inspirait les craintes les plus sérieuses sur les conséquences d'une lutte qui s'annonçait dès le début comme devant être longue et terrible. De passage à Vienne, au commencement du mois d'août 1870, il encouragea le prince de la Tour-d'Auvergne qui traitait, au nom du duc de Gramont, avec le chancelier autrichien, comte de Beust, pour hâter la conclusion du traité austro-italien. Le 4 août, au moment même où se livrait la bataille de Wissembourg, Arese télégraphiait à M. Visconti-Venosta, ministre des affaires étrangères d'Italie :

« La Tour (d'Auvergne), hier, m'a montré télégramme Gramont qui dit que Vimerçati présenté traité alliance Autriche-Italie à l'Empereur qui a approuvé, demandant modification articles 3 et 5. La plus importante est de substituer le mot *immédiatement* à *aussitôt que faire se pourra*. On ajouterait aussi à un autre article les mots : avec l'agrément de la France[1]. »

La seconde modification avait trait aux affaires de Rome, et il est inutile de s'y arrêter puisque les événements ont bouleversé les calculs des hommes. Quant à la première, elle se rapportait aux armements des deux puissances dont on préparait l'alliance. L'Autriche ne voulait et, en réalité, ne pouvait pas s'engager à armer *immédiatement*. Elle subordonnait ses armements à la possibilité de les accomplir. Napoléon III, au contraire, demandait que l'Italie et l'Autriche missent tout de suite leurs armées sur le pied de guerre. Pendant qu'on négociait à Metz et à Vienne, l'issue fatale des batailles du 4 et du 6 août vint détruire toute velléité belliqueuse à Vienne et mit le comble aux craintes et aux embarras du cabinet de Florence.

Arese fut bouleversé lorsqu'il apprit les défaites de Wœrth et de Forbach. Sa vieille

[1] Arese à Visconti-Venosta, Vienne, 4 août 1870. Cf. BONFADINI, *op. cit.*, ch. XI, p. 359-360.

amitié pour Napoléon III le rendait particulièrement triste à la vue de ces désastres. Il connaissait trop la France pour se faire la moindre
illusion sur le sort de l'Empire. Comprenant
que les victoires prussiennes l'avaient frappé
au cœur, il redoutait pour l'Italie le contre-
coup des événements de France, d'autant qu'il
n'ignorait pas les étroits rapports de M. de Bismarck avec les révolutionnaires italiens et son
peu de scrupule pour les droits des autres nations. Voici la curieuse dépêche qu'il envoya,
le 7 août, à M. Visconti-Venosta :

« Nouvelles de France désastreuses. Crois
nécessaire fortifier sans bruit Vérone et passage
Adige. Bismarck qui a dit Napoléon : prenez
Belgique, pourrait dire Autriche : prenez Min-
cio, frontière naturelle Allemagne d'après eux.
Assez probable si Beust tombait. Vérifiez si
Autriche fortifie Tyrol, comme on dit[1]. »

Ces craintes n'étaient pas fondées ; mais il
en était autrement des tristes pressentiments
d'Arese à l'endroit de la France et de la dynastie
impériale. Moins d'un mois après, le désastre
de Sedan et la journée du 4 septembre obligeaient l'Impératrice à prendre le chemin de

---

[1] Voy. BONFADINI, *op. cit.*, ch. XI, p. 360.

l'exil, tandis que Napoléon III était envoyé à
Wilhelmshœhe, comme prisonnier de guerre
du roi de Prusse.

Ici commence la page qui fait le plus d'honneur à la mémoire d'Arese. Il avait toujours été
l'ami de Napoléon III ; mais son amitié n'avait
jamais dégénéré en courtisanerie. Il en avait
seulement profité pour exciter le zèle de l'Empereur en faveur de la révolution italienne. A
la nouvelle de la chute lamentable de Napoléon III, Arese voulut être le courtisan du malheur. Il écrivit au souverain prisonnier pour se
mettre à sa disposition et lui demander la permission d'aller lui rendre visite en Allemagne.
Napoléon III déclina les propositions de son
ami par cette lettre :

« Wilhelmshœhe, le 26 septembre 1870.

« MON CHER ARESE,

« J'ai reçu avec grand plaisir votre lettre, et
les sentiments que vous me témoignez ne m'é-
tonnent pas, car il y a bien longtemps que je
sais pouvoir compter sur votre amitié. Je ne
vous parlerai pas de mes malheurs ; vous les
connaissez par les journaux et me revoilà,
comme il y a vingt-deux ans, prisonnier et en
butte à toutes les calomnies.

« Je suis bien sensible à la proposition que vous me faites de venir me voir ; mais, malgré le plaisir que j'aurais à causer avec vous, je préfère que vous attendiez une époque plus heureuse, où vous pourriez m'être plus utile que dans le moment présent.

« J'espère que votre santé est rétablie et que votre famille ira (*sic*) bien.

« Recevez, mon cher Arese, l'assurance de ma sincère amitié.

« NAPOLÉON[1]. »

Quelques semaines après, Arese écrivit de nouveau à Napoléon III. Il était inquiet de la situation financière de l'ex-Empereur. Se souvenant qu'il avait confisqué, par son fameux décret du 22 janvier 1852, les biens de la famille d'Orléans, l'ami de Napoléon III craignait qu'on n'appliquât au souverain déchu la mesure inique dont il s'était servi, au temps de sa puissance, pour affaiblir ses adversaires. Ne connaissant pas la lettre qu'Arese adressa à Napoléon III, nous ne pouvons savoir au juste quelles offres il faisait au prisonnier de Wilhelmshœhe. Seule, la réponse de celui-ci nous informe des délicates démarches d'Arese.

[1] Napoléon III à Arese. Cf. BONFADINI, *op. cit.*, ch. XI, p. 362.

« Wilhelmshœhe, le 14 novembre 1870.

« Mon cher Arese,

« Votre lettre du 9 novembre m'a vraiment touché ; je reconnais bien, à l'offre que vous me faites, votre vieille amitié, et croyez bien que, si je n'en profite pas, ce n'est point par orgueil, mais parce que je n'en ai pas besoin. Sans avoir les millions que la presse veut me donner, nous avons, l'Impératrice et moi, tout ce qu'il nous faut pour vivre très convenablement pendant un an. Après cette époque, si on confisque tout ce que j'ai laissé en France, nous avons pour vivre le revenu de mes terres en Italie et le produit des bijoux de l'Impératrice ; avec cela, nous pourrons être à notre aise, comme de bons bourgeois de la rue Saint-Denis. Je vous devais ces détails pour vous expliquer mon refus. Quant aux jardins Farnèse, j'ai refait la note suivant votre conseil ; cependant je n'ai pas voulu aller aussi loin que vous, car j'ai hâte surtout de m'en débarrasser et de ne pas laisser inachevée une œuvre à laquelle tout le monde savant porte le plus vif intérêt.

« Recevez donc, mon cher Arese, mes remerciements bien sincères et l'assurance de mon ancienne et tendre amitié.   « Napoléon[1]. »

---

[1] Napoléon III a Arese. Cf. Bonfadini, *op. cit.*, ch. xi, p. 363.

L'affaire dont il est question à la fin de cette lettre, c'est la vente des ruines du palais des Césars et des terrains adjacents que l'Empereur avait achetés à l'époque la plus heureuse de son règne. Cette propriété appartenait à François II, roi de Naples, qui fut obligé de la vendre lorsque, chassé de son trône, il vit ses biens confisqués par Garibaldi. Non seulement les jardins Farnèse ne rapportaient rien, mais Napoléon III y avait fait des dépenses considérables pour mettre à découvert les ruines du palais des Césars. Renversé par la révolution du 4 septembre, l'Empereur voulait réaliser le prix de ces terrains, mais il désirait en même temps que la vente ne compromît point une œuvre à laquelle les savants et les archéologues attachaient le plus grand prix. Arese comprit les intentions de son ami et les seconda de tout son pouvoir.

Les Italiens étaient entrés à Rome depuis le 20 septembre 1870. Arese s'adressa à Victor-Emmanuel II et à M. Sella, ministre des finances, leur proposant l'achat des jardins Farnèse. Napoléon III ne demandait qu'à être remboursé du prix d'achat de la propriété, soit 250 000 fr., et des dépenses qu'il avait faites pour les fouilles et qu'il évaluait à 400 000 francs. Arese signa le contrat de vente, pour la somme de

650 000 francs, avec le gouvernement italien qui promettait de continuer les travaux commencés par l'ex-Empereur. Mais, quelque temps après, en écrivant pour d'autres questions d'affaires à Wilhelmshœhe, Arese, revenant sur cette vente, s'écriait :

« ... En fait d'affaires d'argent, j'ai une confiance très limitée en Votre Majesté... Car si Votre Majesté m'eût fait connaître l'étendue des terrains qui étaient annexés au palais des Césars, *je n'aurais pas cédé cette propriété à moins d'un million*[1]. »

Napoléon III se préoccupait du sort de deux personnes qui étaient à son service : M. Pietro Rosa, directeur des fouilles, et un ancien sous-officier français, M. Galland, qui était chargé de la garde de la propriété. Il pria Arese de prélever une somme sur le prix de la vente pour les indemniser. Arese le rassura sur le sort de ses serviteurs. En effet, M. Rosa fut nommé sénateur et surintendant général des fouilles dans la province romaine, et quand à M. Galland, ayant préféré ne pas quitter Rome où il s'était marié, le gouvernement italien le maintint à son poste.

Ces négociations avaient commencé vers

---

[1] Arese à Napoléon III, janvier 1871. Cf. BONFADINI, *op. cit.*, ch. XI, p. 364.

le 15 novembre. Victor-Emmanuel intervint directement pour que les longueurs bureaucratiques fussent mises de côté, et quand, à la fin du même mois, l'affaire fut réglée, il en avertit Arese par ce petit billet :

« MON TRÈS CHER COMTE ET COUSIN[1],

« L'affaire est faite. Il me semble l'avoir faite vite. Je suis heureux d'avoir réussi à pouvoir ainsi rendre un petit service à celui qui a tant fait pour nous. Faites-moi le plaisir de voir M. Sella et de vous entendre avec lui ; mais ne parlez pas de cela avec d'autres.

« Pour la vie,

« Votre très affectionné ami et cousin,

« VICTOR-EMMANUEL[2]. »

En annonçant la signature du contrat de vente des jardins Farnèse, Arese écrivait à Napoléon III :

« Maintenant, permettez à un serviteur vraiment dévoué et, si j'ose le dire, à un ami ancien et désintéressé, de vous prier, de vous supplier de mettre une trêve à cette noble passion de bienfaisance qui est une seconde nature chez

[1] Arese, étant chevalier de l'Annonciade depuis 1869, avait droit au titre traditionnel de cousin du roi.

[2] Victor-Emmanuel II à Arese. Cf. BONFADIEI, *op. cit.*, ch. XI, p. 365.

vous ; mais songez que, par le temps qui court, nous ne pouvons savoir ce que l'avenir nous réserve, et 40 000 francs, ou à peu près, de rente peuvent toujours être une ressource dans les plus mauvais jours[1] ».

A force d'insister, Arese obtint de l'ex-Empereur qu'il le chargeât de la gestion de ses affaires en Italie, où Napoléon III avait de grandes propriétés, sises dans les Romagnes, les Marches et le Frioul. Arese, qui s'y connaissait en fait d'exploitations agricoles, mit de l'ordre dans l'administration des biens de l'Empereur, supprimant les abus, exigeant que les fermiers payassent leurs baux, augmentant considérablement les revenus et vendant à bon compte les fermes qu'il ne convenait pas de garder. De là une correspondance très active entre l'ex-Empereur et son ami, où il n'est généralement question que d'affaires privées et où le souverain déchu se répand en louanges touchant le zèle et la rare habileté de son « homme d'affaires ».

« Bien rarement, remarque M. Bonfadini, on trouve dans cette correspondance quelque chose qui ait trait aux événements politiques. L'Empereur se bornait à terminer ses lettres par

____

[1] Arese a Napoléon III, 13 janvier 1871. Cf. Bonfadini, *op. cit.*, ch. xi, p. 365.

quelque douloureuse jaculatoire (*sic*) sur les malheurs de la France[1]. »

Ce n'est que dans sa lettre du 1er décembre 1870, que Napoléon III aborde en passant la question de l'installation du gouvernement italien à Rome.

« Vous savez, dit-il, tout l'intérêt que je porte à l'Italie et au roi. Je voudrais qu'il n'allât à Rome qu'à la mort du Pape, ce qui ne peut être long, vu son âge. Avant cette époque, sa position à Rome sera remplie de difficultés. C'est là, vous le comprenez, un avis bien désintéressé que je vous donne[2]. »

Au cours de l'été 1871, Arese put enfin satisfaire son vif désir de revoir son malheureux ami. Il alla le rejoindre à Chislehurst, où il s'était installé après son départ de Wilhelmshœhe. On devine sans peine l'émotion que cette rencontre causa à l'un et à l'autre et les tristes souvenirs qu'elle réveilla dans leurs esprits. Les années de la jeunesse passées ensemble à Rome et à Arenenberg, l'exil en Amérique, les belles années du second Empire, durent revivre dans

---

[1] Voy. BONFADINI, *Vita di Francesco Arese*, ch. xi, p. 366.

[2] Napoléon III à Arese. Cf. BONFADINI. *op. cit.*, ch. xi, p. 366-367.

leur imagination. Quel contraste surtout entre le faste et l'insouciance qu'Arese avait remarqués lors de sa dernière visite à Compiègne, au mois de novembre 1869, et le sombre exil de Chislehurst, précédé de si cruelles catastrophes et d'humiliations si profondes !

Cependant la visite d'Arese versa un peu de baume sur le cœur meurtri de Napoléon III et de l'Impératrice. Celle-ci, de Madrid, où elle était allée plus tard pour régler ses affaires, écrivit à Arese pour lui exprimer toute sa reconnaissance :

« Madrid, le 12 octobre 1871.

« Mon cher Arese,

« Je voudrais vous dire tout le bonheur que nous a causé votre visite. Après tant d'abandons, tant de douleurs, indépendants sans doute des volontés humaines, j'ai vu et compris combien mon Empereur en était heureux. C'est la première fois, depuis des mois, qu'il a pu se dire : *Sentir n'est pas souffrir*. C'est un doux privilège des vieilles amitiés[1]. »

La dernière lettre de Napoléon III à Arese porte la date du 11 novembre 1872. Elle n'a

[1] L'impératrice Eugénie à Arese. Cf. BONFADINI, *op. cit.*, ch. XI, p. 367.

aucun intérêt politique. La santé de l'ex-Empereur était gravement compromise. Arese en était informé ; mais il venait d'être lui-même frappé d'un coup d'apoplexie dont il avait peine à se remettre. Aussi regretta-t-il vivement de n'avoir pu se trouver à Chislehurst le 9 janvier 1873, au moment de la mort de Napoléon III. Il écrivit, aussitôt après ce triste événement, à la veuve de son ami, avec laquelle il entretint une correspondance suivie que M. Bonfadini déclare très intéressante, mais qu'il eût été indélicat de publier en ce moment. Il faut espérer, que, lorsque le temps en sera venu, on imprimera ces lettres, qui jetteront beaucoup de lumière sur la vie de l'impératrice Eugénie et du Prince Impérial, depuis la mort de Napoléon III jusqu'à la catastrophe de Petermaritzbourg.

Bien que malade, Arese vécut assez pour voir la fin cruelle de ce Prince Impérial qu'il avait connu tout enfant dans les bras de sa mère. Ce fut la dernière grande douleur de ce fidèle ami de Napoléon III. Le comte François Arese mourut à Florence, où il s'était établi depuis 1865, le 25 mai 1881, à l'âge de soixante-seize ans.

Je n'insisterai pas sur le rôle qu'Arese a joué auprès de Napoléon III. J'ai mis sous les yeux de mes lecteurs les pièces qui prouvent son influence sur le dernier Empereur. Ils pourront eux-mêmes en apprécier la valeur. Je tiens cependant, avant de terminer cette étude, à dire en quelques mots mon opinion sur l'intime ami de Napoléon III.

On ne saurait contester à Arese des qualités qui, malheureusement, deviennent de plus en plus rares de nos jours : une fermeté de caractère qui l'éloignait de tout ce que l'on appelle aujourd'hui « opportunisme »; une droiture qui a pu subir quelques atteintes au cours de ses négociations en faveur de la politique de Cavour, mais qui, au fond, n'en était pas moins très réelle ; un désintéressement qui le poussait à sacrifier ses intérêts personnels pour servir son pays et lui faisait refuser même les indemnités considérables auxquelles lui donnaient droit ses missions diplomatiques.

Sans avoir une grande capacité, le comte Arese ne manquait ni de tact, ni de prudence, ni de culture. Il a eu le bon sens de ne jamais accepter des fonctions supérieures à ses talents, et il a certainement rendu plus de services à Victor-Emmanuel II que bien des hommes politiques arrivés aux premiers rangs.

Parmi les défauts de l'ami de Napoléon III,

je signalerai d'abord son opiniâtreté à défendre certaines idées sans tenir compte des leçons de l'expérience. De là, cette réputation d'homme intolérant qu'il s'était faite et qui lui avait attiré beaucoup d'antipathies. Mais ce qu'il y avait de plus funeste chez Arese, c'étaient ses idées foncièrement irréligieuses. Non seulement il ne pratiqua jamais la religion, mais il la combattit avec une âpreté sectaire, sans s'apercevoir qu'il favorisait par là le développement des idées radicales dont il était pourtant l'ennemi résolu. L'Italie n'a que trop souffert des entreprises antireligieuses des libéraux modérés qui prétendaient établir la monarchie sur les fondements trompeurs du rationalisme et de l'État sans Dieu. Parmi les hommes politiques qui ont adopté ce programme néfaste, nul n'a été plus hostile qu'Arese aux principes et aux pratiques du catholicisme. C'est pourquoi, malgré ses bonnes qualités, il mérite le blâme de l'histoire.

[1] Nous remercions M. Thirria, l'auteur de l'intéressant ouvrage sur *Napoléon III avant l'Empire*, du concours qu'il nous a prêté pour l'impression de cet ouvrage (N. de l'E.)

TABLE DES MATIÈRES

Le Mans. — Typographie Edmond MONNOYER.